행복할 수 없다면
절대 이혼하지 마라

토담미디어

행복 가족 치침서

행복할 수 없다면 절대 이혼하지 마라

김 병 준

앉은뱅이와 맹인의 결합

필자는 이 책에서 결혼과 결혼생활, 이혼과 이혼방법, 재혼과 재혼가정에 대해 많은 이야기를 하지만, 독자들에게 하고 싶은 말은 사실 아주 단순하다. '결혼했으면 행복해지기 위해 최선을 다하고, 부득이할 경우에만 이혼을 고려하되, 이혼 후에 행복해질 수 없다면 절대로 이혼하지 마라.' 는 것이다.

인간은 누구나 불완전한 존재이다. 단언컨대 결혼생활이란, 앉은뱅이와 맹인의 결합과도 같다. 두 사람이 협조적이고 긍정적인 태도로 결혼생활에 임한다면 맹인이 앉은뱅이를 업고 서로의 눈과 발이 되어 험한 길도 헤쳐 나갈 수 있고, 부정적이고 배타적인 태도로 일관한다면 '너는 왜 보지 못하니' '그러는 너는 왜 걷지 못하니' 하며 싸우다가 헤어질 수밖에 없는 것이다. 똑같은 두 사람이 결혼을 했다고 할지라도 그 두 사람이 어떤 태도와 생각을 가지고 결혼생활을 영위하는가에 따라 결과는 엄청난 차이를 보인다.

미국의 코미디언 크리스 룩은 세 가지 문장만 반복하면 어떤 여자와도 사이좋게 지낼 수 있다고 했다. 그 세 가지 문장은 "그래?" "음." "내가 그 사람 미쳤다고 했지?" 이다. 여자가 무슨 말을 하든지 따지지 말고 적절한 맞장구를 쳐주라는 이야기이다. 행복한 부부관계의 비밀은 바로 여기에 있다. 따지지 말고 지지해 주는 것, 상대를 비난하려고 하지 말고 이해하려고 하는 것. 그래야 서로 발전적인 관계를 형성할 수 있다.

역사상 악처로 명성이 자자한 세 사람을 꼽으라면 욥의 아내와 소크라테스의 아내, 존 웨슬리 목사의 아내를 들 수 있을 것이다. 욥의 아내는 고통으로 신음하는 남편을 보고 동정은커녕 코웃음 치며 하나님을 저주하며 죽으라고 독설을 퍼

부었고, 소크라테스의 아내 크산티페는 남편을 학대했을 뿐만 아니라 소크라테스에게 배우기 위해 집으로 찾아온 제자들이 보는 앞에서도 고래고래 소리를 지르기 일쑤였다. 웨슬리 목사의 아내 몰리는 남편에게 온 편지까지 뜯어보았으며 때와 장소를 가리지 않고 남편을 괴롭혔다.

좋지 않는 배우자를 만나 자신이 불행해졌다는 논리라면 이들 악처와 살았던 욥과 소크라테스, 웨슬리 목사는 부부싸움이나 하면서 불행하게 살다가 일생을 마쳐야 했다. 그러나 오히려 이 여인들의 남편은 자기 분야에서 성공한 인물이 되었다.

욥은 아내에게서 받지 못한 위로를 하나님께 받으면서 신앙이 깊어졌고, 소크라테스는 아내의 학대 때문에 오히려 철학에 심취했으며, 웨슬리는 무서운 아내 때문에 하나님 앞에 무릎을 더 꿇게 되었다. 어떤 배우자를 만나는가와 결혼 또는 인생의 성패가 절대적인 의존관계에 있는 것은 결코 아닌 것이다.

결혼하는 두 사람은 평탄한 길을 손잡고 함께 걷기 시작하는 것과 같다. 평탄한 길에서도 넘어질 수 있다. 넘어졌을 때 툭툭 털고 일어나 상대방을 일으켜 세워 함께 끝까지 걸어갈 것인가, 투덜거리며 상대방을 비방하고 싸우다가 각기 다른 길로 가버릴 것인가는 당신에게 달려있다.

2006년 5월
저자 **김 병 준**

이혼에 관한 성숙한 자세를 위해……

가정이란 삶의 본질적 가치를 기준하는 가장 기본적인 단위이며 우리 사회를 구성하는 중요한 요소입니다.

나를 이루고 사회를 이루는 삶의 본질적 가치를 기준하는 최소의 구성원으로 만들어진 하나의 조직이라고 할 수 있습니다.

결혼이 시작되는 순간부터 두 사람은 사랑과 이해를 바탕으로 공동체적 삶을 운영해 나가야 하는 것입니다.

전통적인 가치관은 곧잘 새로운 가치관과 충돌하기도 하고 수용되어지기도 하지만 막상 '나의 문제'로 대두되었을 경우 당황하지 않을 수 없습니다. 그렇지만 이제, 이혼은 어느 한 개인의 문제가 아니라 사회적 차원의 문제입니다.

부부라는 이름과 가족이라는 명분만큼, 행복하고도 불합리한 제도도 드뭅니다. 그러나 우리는 혼자서는 살 수 없는 사회적 존재들이며 생활의 많은 부분이 가족과 가정이라는 테두리 안에서부터 출발하고 시작된다는 것을 부인할 수 없습니다.

최근 조사에 의하면 우리사회의 이혼율이 세계에서도 유례없는 빠른 속도로 높아지고 있다고 합니다. 황혼이혼의 급증까지 실례를 든다면 더 이상 무심할 수 없는 큰 사회문제임을 직시해야 합니다.

이 즈음해서 건강하고 행복한 가정을 이루기 위한 지침서 같은 책 한 권을 만난 것은 오랜 가뭄 끝의 단비처럼 반갑고 고마운 일입니다. 누군가는 나서서 해야 할 일이었고, 앞장서야 할 일이었습니다.

법적인 조언이야 글쓴이의 직업으로 미루어 당연한 일이겠지만 이 책의 곳곳에서 보여지는 이혼 문제에 대한 성숙한 관점은 가정문제로 고민하는, 길을 잃고 방황하는 사람들에게 현명한 가르침을 줄 것이라 믿습니다. 무엇이 자신을 위하고 가족을 위한 일인지 깨닫게 해주고 더불어 사랑하고 용서하게 만드는 용기를 줄 것입니다.

우리 아이들이 건강하게 자랄 수 있는 튼튼한 가정이 곧 우리의 밝은 미래임을 잊지 말아야 합니다.

다시 한 번 김병준 변호사의 노고에 심심한 격려의 박수를 보냅니다.

2006년 5월
전 법무부장관 이 해 창

만개한 봄 꽃이 눈부십니다

 남녀 사랑의 결론은 결혼이고, 그 최종적인 완성은 행복한 가정을 이루는 것입니다. 사람들은 누구나 그런 행복한 가정을 꿈꾸고, 그 꿈을 현실화시키기 위해서 열심히 산다고 할 수 있습니다. 자신만을 위해서라면 아마 그토록 치열하게 살려 하지 않을 것입니다.

 먹고 싶을 때 먹고, 자고 싶을 때 자고, 돈도 필요할 때만 벌면 되니 얼마나 자유롭겠습니까. 그러나 실제로 그런 생활을 원하는 사람은 거의 없을 것이라고 생각합니다. 그것은 아마 존재론적 가치를 인정받지 않고는 살 수 없는 '사람'인 까닭일 것입니다.

 때문에 우리는 누구를 위해서 사느냐는 질문에 당연히 나 자신을 위해서, 어쩌면 거꾸로 그들을 위해 살아야 한다고 답해야 옳을지도 모릅니다. 가정이란 그런 사랑과 희생이라는 맹목적인 믿음 없이는 건강하게 지탱해 갈 수 없는 신성한 것입니다.

 특히 저처럼 인권이니 권리니를 따지는 위치에서는 그런 문제들이 사회적으로 크게 심화되고 있음을 고민하지 않을 수 없는 입장입니다. 사실 가정문제를 속속들이 드러내놓고 큰 소리로 떠드는 사람들은 별로 없습니다.

 혼자 고민하거나 끙끙거리다가 풀리지 않으면 감정적이거나 거친 방법으로 해결하려는 경우가 많은 것입니다. 그만큼 가정문제는 부부 각각의 예민한 감정들이 개입돼 있어서 객관적으로 다스리기 애매한 부분들이 많다는데 문제가 있어 보입니다.

 이러한 소소한 문제들까지 단호하고도 명쾌하게 조언한 김병준변호사의 글은 무척이나 감동적이고 시사하는 바가 큽니다.

시간에 쫓기고 일에 부대끼느라 바빴을텐데, 언제 이러한 문제들을 고민하고 정리했는지 그의 열정적인 또 다른 성과에 질투와 성원을 보냅니다.

김병준 변호사는 이 책을 통해서 행복할 자신이 없으면 절대로 이혼하지 말라고 이야기합니다. 이 말은 자신의 행복을 담보로 사랑과 믿음을 깨지 말라는 경고의 메시지로 들립니다. 만개한 봄꽃이 눈부십니다. 5월의 햇살은 더 눈이 부십니다.

이 화려한 계절에 나는 뜻하지 않게 삶의 소중하고도 진정한 가치 하나를 만난 것 같아 가슴이 설렐 뿐입니다.

2006년 5월
변호사 고 승 덕

행복할 수 없다면
절대 이혼하지 마라

C O N T E N T S

3

4

| 제1장 |

적과의 동침,
행복한 결혼 생활

1_결혼 전의 작은 문제, 결혼하면 더 커진다

'결혼이란 새장과 비슷한 데가 있다. 새장 밖에 있는 새는 안에 들어가고 싶어 하고, 안에 있는 새는 한사코 밖으로 나오려 한다.' 프랑스의 철학자 몽테뉴(1533~1592)가 한 말이다.

결혼 안한 사람은 누구나 한 번쯤 결혼하고 싶다는 생각을 해보았을 테고 결혼한 사람은 결혼한 것을 후회해본 경험이 있을 테니, 고개를 끄덕이지 않을 수 없는 명언이다.

결혼은 해도 후회하고 안 해도 후회한다. 함께 살지 못하면 죽을 것처럼 사랑해서 결혼한 부부도, 어쩔 수 없는 사정으로 원치 않는 사람과 결혼한 부부도, 결혼에 관해 그 어떤 환상도 갖지 않고 남들 하니까 나도 한다는 마음으로 결혼한 부부도 결혼 후에 같은 공간에서 같은 이불 덮고 함께 살다보면 후회하는 날이 온다.

설사 두 사람 사이에 아무런 문제가 없어도 주변 환경들 때문에 속상한 일이 생기게 마련인 것이다.

결혼만큼 겉모습이 아름답게 포장되는 것도 없을 것이다. 가장 행복해 보이면서도 사실은 가장 고통스러운 가시밭길을 걷는 것이 부부생활이다. 결혼생활에서 가장 중요한 것은 배려와 인내이다. 결혼함으로써 닥칠 수 있는 모든 일들을 결혼 전에 알게 된다면 결혼하는 사람이 거의 없을지도 모른다.

신랑과 신부가 일생에서 가장 아름다운 모습으로 치장하고 친구와 친인척들을 가능한 한 많이 불러 모아 그 앞에서 맹세하고 공표함으로써 물리적, 심리적인 구속력을 더 강하게 하는 것도 그 때문이다.

악처 때문에 결혼생활이 불행했다고 널리 알려진 그리스의 철학자 소크라테스(BC 469~BC 399)조차 '어쨌든 결혼하도록 하라. 만일 그대가 훌륭한 아내를 얻으면 그대는 행복해 질 것이다. 만일 나쁜 아내를 얻으면 그대는 철학자가 될 것이다. 그 어느 편이건 그대에게는 좋은 것이다.' 라고 말했다.

그러나 철학에 관심 없는 일반적인 사람들은 사색의 깊이를 더해주는 악처보다는 훌륭하고 마음에 맞는 아내와 행복한 결혼생활을 영위하고 싶을 것이다. 그러기 위해서는 배우자를 잘 선택하는 것이 무엇보다도 중요하다.

결혼은 한번 펼치면 짧게는 몇 달, 길게는 수십 년에 걸쳐 읽어나가야 하는 한 권의 책이다. 그 책의 첫 장은 아름다운 신부·멋있는 신랑·많은 축하와 낭만적인 여행으로 시작되지만, 두 번째 장부터는 노력과 인내·관용과 타협·이해와 양보 그리고 열심히 찾아야만 보이는 작은 행복으로 구성된 지루한 산문이다.

대부분 첫 장의 달콤함에 취해 결혼이라는 책을 집어 들지만, 얼마간의 시간이 지나면 달콤함과 신선함은 사라지고 책을 덮어버리고 싶은 충동이 일게 된다. 따라서 그 지루하고 긴 페이지를 끝까지 함께 넘길 수 있는 사람을 고르는 것이 그 무엇보다도 중요한 일이다.

대부분의 사람들은 상대방에 대해 충분히 알아 볼 시간이 있었음에도 불구하고 상대방에 관해 너무나도 모른 채로 결혼한다. 수십 년을 함께 살 배우자에 관해 알아보는 일은 침대나 가구, 혹은 함께 살아갈 집을 고르는 일보다 훨씬 더 중요한데도 상대방을 주관적으로만 파악하는 것이다. 게다가 결혼 전에 상대방의 조건이나 성격에 어떤 문제점을 발견해도 그 문제를 너무 낙관적으로 판단한다. '사랑'이나 '결혼이라는 제도'를 과신한 나머지, 결혼 후에 그 문제점이 해소시킬 수 있거나 견뎌낼 수 있을 만큼 약화될 것으로 기대한다.

그러나 불행하게도 대부분의 경우, 결혼 전의 작은 문제는 결혼 후에 더욱 커다란 문제로 확대되어 나타난다. 게다가 사랑에 눈이 멀어 그 문제점을 잊고 사는 기간은 너무 짧다. 결국은 '왜 그때 이 사실을 묵과했을까?' 하는 쓰라린 심정으로 스스로 감당해야 하는 뼈저린 현실이 기다리고 있는 것이다.

따라서 결혼을 고려할 때 필요한 것은 '함께 즐겁게 지낼 수 있다.'는 기대보다는 '이 사람과 마음이 맞지 않을 때도 서로 협력해서 함께 나아갈 수 있는가?'에 대한 성찰이다.

결혼 전에는 두 눈을 커다랗게 뜨고 상대방을 관찰하고, 결혼을 한 후에는 한 쪽 눈을 감고 상대방의 결점을 넘어가주는 지혜로움이 있어야 한다.

결혼은 쉽게 환불하거나 물건을 바꿀 수 있는 쇼핑이 아니다. 오죽하면 러시아 속담에는 '바다에 나갈 때는 한 번 기도하고, 전쟁터에 나갈 때는 두 번 기도하며, 결혼할 때는 세 번 기도하라.'는 말이 있겠는가.

누구나 결혼 상대자를 선택할 때는 몇 번이고 신중을 기해야 한다. 아무리 신중에 신중을 기해도 결코 지나친 것이 아니다. '결혼'이라는 것을 향해서 막무가내로 달려가서는 안 되는 것이다.

'열 길 물속은 알아도 한 길 사람 속은 모른다.'는 말처럼 아무리 주의 깊게 살펴봐도 그 사람을 완전히 알 수는 없다. 결국은 '결혼생활'이라는 뚜껑을 열어봐야 아는 것이다. 하지만 최악의 선택을 피하기 위해서 일반적으로 명심해야 할 사항들은 있다.

결혼을 기점으로 사람 됨됨이가 전적으로 바뀌는 일은 상식적으로 있을 수 없다. 따라서 배우자의 과거를 반드시 살펴봐야 한다. 과거와 현재가 쌓여 그 사람의 미래를 이루는 것이다. 과거가 어둡고 힘겹고 복잡했던 사람과 결혼해서 장밋빛 인생을 만들어가는 일은 쉬운 것이 아니다.

물론 사람은 노력 여하에 따라서 얼마든지 변할 수 있다. 하지만 자신의 깨달음에 의해서 변하는 것이지 결코 주변 사람의 잔소리나 지적, 가르침에 의해 변하지는 않는다.

내가 그를 이렇게 사랑하므로, 혹은 그가 나를 이토록 사랑하므로 스스로 바람직하게 변화해 줄 것이라는 착각은 일찌감치 버리는 것이 좋다. 남자건 여자건 일단 결혼에 성공하면 상대방을 잡힌 고기라고 생각한다. 잡아놓은 고기에게 달콤한 미끼를 주는 사람은 거의 없다고 봐도 좋다.

바쁜 일이 없는데도 자주 연락하지 않는 사람, 사소한 약속들을 지키지 않는 사람, 예를 들어 만나기로 했는데 약속시간에 늦거나 안 나온다거나 곧 전화하겠다고 해서 기다리고 있는데 감감 무소식인 사람, 변명이 많은 사람, 계획을 세워놓고 마지막 순간에 번번이 계획을 취소하는 사람, 상대방의 장점보다는 약점을 자꾸 지적하는 사람, 상대방에 대한 배려를 찾아볼 수 없는 사람과 교제하고 있다면 차라리 이별의 아픔을 견디고 배우자의 인연을 맺지 말라고 권하고 싶다.

이성으로부터의 관심을 과다하게 즐기는 사람, 모든 이성이 자신에게 호감을 가지고 있다고 착각하는 사람도 마찬가지다. 매너 좋고 화술 좋고 인기도 좋은 그, 주변에 넘쳐나는 경쟁자들을 물리치고 '선수'를 차지한 기쁨은 그다지 오래 가지 않을 확률이 높다.

소위 남녀관계에 있어서의 '선수' 뒤에는 수많은 희생양이 있기 마련이다. 그의 매력과 끼는 결혼해도 여전히 발산되므로 결혼 후 당신은 배우자를 믿지 못하고 끊임없이 주변의 이성을 의심하는 의부증, 혹은 의처증 증세를 보일지도 모른다.

늘 힘들고 바쁘며, 예기치 않은 사고들이 생겨서 당신을 팽개쳐두곤 하는 사람도 요주의 대상이다. 그가 당신보다도 일과 상황을 항상 더 중요시한다면, 그것은 일과 상황이 너무나 급박해서가 아니라 당신이 소중하지 않기 때문이다.

그가 당신을 오랫동안 잊어버리고 있다면 애정이 부족한 것이고, 그 상황 속으로 당신을 끌어들인다면 위험한 것이다. 자신이 아무런 힘이 되지 않는 상대도, 자신의 비극에 끌어들이려는 상대방도 경계해야 한다. 어느 한 쪽의 일방적인 희생과 베풂과 기다림만으로 이루어지는 결혼생활은 결코 행복해질 수 없다.

원만하고 신뢰가 있는 결혼생활을 원한다면 원만하고 믿을 수 있는 배우자와 가정을 이루어야 한다.

결혼 생활에 성공하지 못한 사람들 중에는 '이 사람과 결혼하면 아주 힘들거나 결국 실패하리라는 것을 결혼 전에 알았다.' 라고 말하는 사람들이 의외로 많다. 상대의 문제점을 직시하면서도 결혼한 그들은 용기가 부족했거나 요행을 바란 셈이다.

주변에서 결혼할 것을 기정사실로 알고 있고 청첩장도 돌렸는데 상대방에 대한 의구심 때문에 결혼을 깨트리는 것은 강한 확신이 없으면 하기 어렵다. 하지만 남이 내 불행한 결혼생활을 대신 해주지는 않는다. 이렇게 삐걱거리며 시작한 결혼은 십중팔구 '혹시나 했더니 역시나' 로 끝날 가능성이 높다. 감자를 심은 밭에서 고구마가 나오기를 기대하는 것은 어리석은 일이다.

따라서 주변 사람들의 생각이나 태도도 바꿀 필요가 있다. 가족이나 친구 중 누군가가 소위 결혼 적령기에 도달했거나 넘었다고 해서 결혼을 재촉해서는 안 된다. '화려한 싱글 족' 으로 만족하면서 살거나 '나이가 몇이 되던 마음에 드는 사람이 나타나야만 결혼하겠다.' 는 상대방의 신념을 존중하고 응원을 보내야 한다.

결혼해야 한다는 당위성 때문에, 혹은 혼자 살아갈 자신이 없다는 두려움 때문에 확신 없는 상대방과 손 잡고 결혼식장으로 걸어 들어간다면, 그 자리에 울려 퍼지는 웨딩마치가 바로 불행의 서곡이 될 수 있다.

결혼하고 싶은 매력적인 상대일수록 이성을 가지고 접근하고, 정밀하게 관찰하며, 객관적으로 판단하라. 확신이 없다면 결혼식장으로 들어가느니 차라리 혼자 여행을 떠나는 것이 낫다.

『갈매기』의 소설가 안톤 체호프(1860~1904)는 '만일 고독을 두려워한다면 결혼해서는 안 된다.' 라고 했다. 결혼을 해도 어차피 당신은 혼자인 것이다.

2_결혼에 관한 일곱 개의 경고

**전지현, 장동건보다 그냥 옆집 아줌마, 아저씨 같은 사람과 사는 편이
더 마음 편하다.**

결혼하면 아침저녁으로 마주칠 얼굴인 만큼 전지현, 장동건 같은 미남
미녀까지는 못 되어도 이왕이면 예쁘고 잘 생긴 배우자와 결혼하고 싶은
것이 인지상정일 것이다.

매력적인 외모를 지닌 상대일수록 연애 시절에 마음이 끌리고 함께 다
니면 어깨가 으쓱해질 뿐 아니라, 엄마 아빠가 잘생겨야 예쁜 아들 딸을
낳을 확률도 높으니 배우자는 잘 생길수록 좋다는 생각이 드는 것이 당
연하다.

하지만 '보기 좋은 떡이 먹기도 좋다.'는 말은 결혼 생활에서만큼은
절대로 보편타당한 말이 아니다. 제아무리 조각 같은 미남미녀라도 매
일 보면 어차피 그 얼굴이 그 얼굴이다.

문제는 다른 상대자가 보기에는 그렇지 않다는 사실이다. 잘생긴 얼굴이 결혼했다고 달라질 리도 없으니 다른 사람들에게는 여전히 매력적일 터이고, 가만있어도 이성들이 호시탐탐 노릴 테니 신경이 곤두설 수밖에 없다. 의처증, 의부증이 안 생기라는 법도 없다.

그러잖아도 신경 쓸 일 많은 것이 결혼 생활인데 잘생긴 배우자를 두고 전전긍긍하느니, 그냥 수더분한 사람과 사는 것이 에너지 소모가 덜할 수도 있다.

남자 입장에서도 솜씨 없는 절세가인보다는 음식 잘하는 평범한 여자쪽이 더 낫다. 아름다운 아내는 외출할 때마다 불안감을 주지만 음식 잘하는 아내는 하루에 두세 번씩 감동을 줄 것이다.

결혼하기 전에는 터프 가이와 청순가련공주가 매력 있지만 결혼 후에는 설거지하는 남자, 형광등 갈아 끼울 줄 아는 여자가 좋다.

결혼 전에는 무엇이든 잘 리드하고 남자다운 터프 가이와 볼수록 연민의 정을 불러일으키는 청순가련한 여자에게 마음이 끌린다. 그러나 그 남자다운 행동과 돌봐주어야 하는 공주님이 사랑스러운 것은 어디까지나 결혼생활로 접어들기 전이거나 신혼의 단꿈이 깨지기 전까지다.

상대방의 단점이 서서히 눈에 보이는 때가 오면, 그 남자다운 행동과 혼자서는 아무 것도 하지 못하는 행동이 바로 짜증과 불화를 야기하는 원인이 되는 것이다.

흔히 '남자답다'고 여겨지는 남자들은 확실히 여자를 강하게 이끄는

맛은 있지만 그만큼 권위적인 성향도 강하다. 무뚝뚝한 남자, 술과 친구를 많이 좋아하는 남자, 불의를 보면 절대 참지 못하는 정의의 사나이가 매력 있을 수는 있지만, 평생 함께 살아갈 상대로는 자상하고 상대방에 대해 배려할 줄 알고 다소 여성적인 면도 있는 남자를 권하고 싶다.

골프 잘 치는 남자보다는 아이와 잘 놀아주는 남자, 운전 잘하는 남자보다는 설거지 잘하는 남자와 사는 것이 더 행복하다.

여자도 마찬가지이다. 마트에 갈 때조차 짐꾼과 기사로 남편이 꼭 필요한 연약한 여자보다는 무거운 배추도 낑낑거리며 들고 올 줄 아는 여자, 바퀴벌레만 봐도 비명을 지르는 여자보다는 슬쩍 휴지로 눌러 처리하고 화장실의 전구쯤은 혼자 갈아 끼울 줄 아는 여자, 코피만 흘러도 회사로 전화하는 여자보다는 칼질하다가 손가락을 베었어도 일회용 반창고 하나 찾아 붙이고 다시 부엌으로 들어가는 여자와 사는 남자가 더 행복하지 않을까?

**결혼 전에는 취미에 빠져있는 사람이 멋있지만
결혼하면 취미생활은 라이벌로 바뀐다.**

아무런 취미가 없는 사람보다는 열정을 쏟는 취미를 한두 가지 가지고 있는 사람이 물론 훨씬 더 매력적이다. 하지만 당신보다 취미가 더 우선순위인 사람은 경계하는 게 좋다.

주말만 되면 낚시 도구 챙겨들고 나가서 주말과부를 만드는 남자, 명품 핸드백 모으는 재미에 카드 빚만 늘이는 여자보다는 차라리 취미라고는 신문 읽기와 TV 보기밖에 없는 배우자와 사는 편이 낫다.

이런 경우 조금 한심스러워 보이긴 하지만 실제로 큰 문제를 일으키는 법은 드무니까 말이다.

결혼 전에는 워커홀릭이 근사해 보이지만, 그와의 결혼생활은 결코 낭만적이지 않다

일에 빠져있는 사람은 능력 있고 멋있어 보인다. 회사에서 밤샘 작업을 한 그이, 또는 그녀에게 깔끔하게 다린 셔츠를 챙겨다주거나 간식을 챙겨주는 것도 꽤 근사한 기분일 것이다.

문제는 CF 속에서 흔히 보듯 밖에서는 능력 있는 비즈니스맨이고, 집에서는 부인을 위해 모닝커피를 타주는 남편이 현실 세계에 존재할 확률은 희박하다는 사실이다. 하물며 회사에서 밤을 새고 들어오는 부인이 사랑스러울 남자는 없다.

현실 속의 Workaholic들은 머릿속에 온통 일 생각뿐이라 각종 기념일은 커녕 생일도 잊기 일쑤여서, 그와의 결혼생활은 낭만이 아니라 기다림의 연속일 가능성이 높다.

회사에서 시키지 않은 일까지 찾아서 하느라 새벽별 보며 출근해서 한밤중에 퇴근하는 사람보다는 차라리 해야 할 일만 하고 퇴근하면 집으로 바로 들어오는 소위 '땡돌이' 가 낫다.

출세와 승진에는 조금 뒤쳐질지 몰라도 '함께 사는 즐거움' 만큼은 훨씬 더 클 것이다. 바라보기에는 성공 지향적인 사람이 나을지 몰라도,

'동반자'를 원한다면 가정 지향적인 배우자가 이상적이다. 혼자 밥 먹고 혼자 TV 보고 혼자 집안일을 돌보기 위해서 결혼한 것은 아니지 않은가!

결혼 전엔 친구들에게 인기 있는 남자가 믿음직스럽지만, 함께 살기엔 차라리 인기 없는 편이 낫다

남자들 사이에서 '진국'이라는 평판을 듣는 사람들이 있다. 하지만 친구들 사이에서 진국으로 통한다 하여 아내에게도 진국인 것만은 절대 아니다.

가정을 가진 남자가 친구들에게 의리를 지키기 위해서는 아내와 가정이 희생양이 될 가능성이 농후하다.

'의리파'이며 '진국'인 사람은 친구의 집에 문제가 생기면 자기 일인 양 나서고, 친구의 부탁이라면 충분히 아내 몰래 빚보증 서류에 싸인할 수 있는 사람이다.

결혼상대로 적합한 사람은 친구들에게 적당히 헌신적이면서 자기 실속도 챙길 줄 아는 남자이다.

상갓집에 문상은 가되 장지까지 따라나서지 않는 남자, 한밤중의 술자리 호출은 다음날 출근을 핑계로 사양할 줄 아는 남자, 돈 빌려달라는 소리는 차마 꺼내지도 못할 만큼 금전 관계에 칼 같은 남자는 이상적인 친구는 못 될지 몰라도 이상적인 남편감임에는 틀림이 없다.

결혼 전엔 음주가무에 능한 사람이 재미있지만,
결혼 후에는 맥주 두 잔이면 족한 남자가 좋다

노래방에서는 가수 뺨치고 클럽에서는 사람들의 시선을 한 몸에 받는 멋진 댄서인 그. 인기도 좋아서 그 많은 경쟁자를 물리치고 그를 차지하여 결혼한 기쁨도 클 것이다. 하지만 음주가무를 즐기던 남자가 유부남이 되었다고 갑자기 변하는 일은 없다. 인기도 떨어지지 않는다.

게다가 주색잡기酒色雜技라는 말은 괜히 생긴 말이 아니다. 음주가무는 곧 색으로 이어질 가능성이 높다. 그의 아내가 되는 순간 남편 주변의 모든 여자들이 적이 된다.

연애 시절이라면 몰라도 결혼 후에는 음치, 몸치에 밀밭에만 가도 취할 만큼 술에 약한 남자가 더 좋다.

일찌감치 퇴근해서 집안일도 잘 도와줄뿐더러, 느닷없이 룸살롱에서 진탕 사용한 카드대금고지서 날아올 가능성도 상대적으로 적다.

결혼 전에는 모든 여자에게 매너 좋은 남자가 좋지만,
결혼 후에는 나에게만 매너 좋은 남자가 좋다

매너가 좋은 사람은 누구에게든지 좋은 인상을 주고 호감을 얻는다. 몸에 밴 세련되고 자연스러운 매너란 하루아침에 얻어지는 것이 아닌 만큼 하루아침에 사라지는 것도 아니다.

매너 좋은 그에게 이끌려 결혼한 당신, 당신을 반하게 했던 그의 세련된 매너가 다른 여자에게 나쁘게 느껴질 가능성은 거의 없다고 봐도 좋다.

남편이 자신을 제외한 모든 여자들에게 관심 없기를 바라는 것은 모든 여자들의 공통된 속마음이다. 결혼 후에는 여심을 쥐고 흔드는 세련된 매너의 소유자보다는 차라리 여자 앞에만 서면 잘하던 말도 잘 못하는 순진하고 서투른 남자가 마음 놓인다.

다른 여자에게는 서툴고 수줍어하고 다소 세련되지 못하게 행동하더라도, 내 앞에만 서면 행동도 자연스러워지고 달변이 되는 남자, 속마음을 포장할 줄 모르는 남자가 훨씬 스트레스를 덜 준다.

3_상대를 변화시키기 전에 내가 먼저 변해라

사람들은 일반적으로 배우자를 나의 방식에 맞춰 변화시키고 싶어 한다. 자기 자신을 바꾸려고 노력해본 사람은 스스로 변하기가 얼마나 어려운 것인지를 잘 알 것이다. 자신을 변화시키지는 않으면서 상대방의 변화를 강요하는 것은 이기적인 생각이다.

상대를 변화시켜 나에게 맞추고자 하는 기대는 부부 모두를 불행하게 만들기 쉽다. 내가 나를 변화시키지 못하는데 상대가 어찌 나를 변화시킬 것이며, 상대가 스스로 변하지 않는데 내가 어찌 상대를 변화시킬 수 있을 것인가!

결혼식장에서 어떤 주례든지 반드시 빼놓지 않고 하는 덕담이 있다. '검은 머리 파뿌리가 되도록 백년해로하라.' 는 말이 바로 그것이다. '행복하게 오래 잘 사는 것' 은 저절로 되지 않는다.

상대를 변화시켜서 함께 살기 편한 사람으로 만들려는 이기적인 생각이 아니라 서로 변화해서 거리를 좁혀가려는 성숙한 자세가 필요하다.

상대를 변화시키기에 앞서 자신부터 변하려는 노력이 반드시 필요하다.

각기 다른 환경에서 자라온 두 남녀가 '결혼' 이라는 관문을 통과하면 필연적으로 양쪽의 가족과 가풍과 사회, 경제적인 환경이 섞여 충돌이 일어나게 마련이다. 그 충돌을 이겨내고 행복하게 잘 살 것인가, 자신의 것만을 주장하고 갈등하다가 실패할 것인가는 전적으로 두 사람의 마음 먹기에 달려있다.

만족한 결혼생활을 위해서는 올바른 상대를 찾는 것도 중요하지만 서로에게 올바른 상대가 되기 위해 노력하는 자세가 더욱 중요하다. 그리고 '올바른 상대' 가 되기 위해 가장 필수불가결한 요건이 바로 '서로간의 대화' 이다. 부부는 서로 대화가 통해야 한다.

일반적으로 두 사람이 '친구' 가 아닌 '연인' 이어야 청혼을 하고 결혼에 도달하게 되지만, 결혼한 후에도 서로 좋은 모습만을 보여주는 '연인' 으로 남는다면 상대에게 허상虛像을 심어주게 된다. 진정한 이해에 도달하기 위해서는 서로에게 '아내인 동시에 친구', '남편인 동시에 친구' 가 되어야 한다.

독일의 철학자 니체(1844~1900)는 '결혼 생활은 긴 대화이다.' 라고 하면서, '결혼하기 전에 당신 자신에게 나는 이 여자와 늙어서도 여전히 대화를 잘 나눌 수 있을까를 물어보라.' 고 했는데, 이 말이야말로 결혼을 결심하는 커플들에게 반드시 필요한 조언이라 아니할 수 없다.

대화가 통하지 않으면 좋은 친구가 될 수 없고, 좋은 친구가 될 수 없는 사람은 좋은 배우자로 적당하지 않다. 오랫동안 사이좋게 지낸 부부를 보면 성격 뿐 아니라 외모까지 서로 닮아있는 것을 볼 수 있다. 여러 사람들 중에서도 이들이 서로 부부임을 찾아낼 수 있을 만큼 서로 조화를 이루는 사람들, 이들도 처음부터 천생연분이었던 것은 아니다. 서로 대화함으로써 이해하고 양보하여 이루어낸 하모니인 것이다.

대화는 다른 환경에서 성장한 두 사람이 필연적으로 겪을 수밖에 없는 갈등을 해결하고 타협을 이끌어내는 훌륭한 도구이다. 하지만 무조건 자신의 생각과 의사를 서로 이야기한다고 해서 문제가 해결되는 것은 결코 아니다. 특히 이미 불거진 서로간의 갈등을 해결하기 위해 대화를 할 때는 반드시 '기술'이 필요하다.

우선 불만을 표시할 때는 명확하게 한다. 불만을 대충 넘긴다거나 명확하게 핵심을 지적하지 않고 엉뚱한 얘기만 늘어놓는다면 오히려 갈등이 심화될 수 있다. 예를 들어, 남편이 오늘 일찍 퇴근해서 가족 외식을 하기로 한 약속을 어겼다면 그 문제만 짚고 넘어가야한다.

과거에 어겼던 약속까지 모두 들춰내서 "당신은 늘 이런 식이야. 도대체 왜 그래?"라고 말한다면 남편은 당연히 "내가 뭘!" 하는 식으로 반응할 것이고, 상황은 오히려 나빠질 것이다.

두 번째는 상대방에게 좀 더 관대해질 수 있도록 최대한 인내심을 발휘해야 한다. 자신의 불쾌한 감정을 100% 전부 표출하면 대화가 아니라 감정싸움으로 번지게 된다. 심호흡을 한 다음 상대방을 여유롭게 바라볼 수 있을 때 말하는 것이 좋다. '참을 인忍 자 세 번이면 살인도 면한다.'는 말은 괜히 나온 것이 아니다. 자신이 먼저 여유를 갖고 관대해 질 때 상대도 미안함과 관대함을 가지게 된다.

세 번째는 상대방의 감정 상태를 모두 안다고 속단하고 말해서는 안

된다. 화나 보이는 사람에게 '당신 화났지?' 라고 말하는 것은 올바른 방법이 아니다. 자신이 상대방의 감정이나 마음을 다 알고 있다고 속단해서는 절대 안 된다. 자기 자신도 모를 때가 있는데 어떻게 상대의 마음을 제대로 파악할 수 있겠는가 말이다.

마지막으로 강조하고 싶은 것은 말하기 전에 자신이 무슨 말을 하려고 하는지 확실히 정리를 하라는 것이다. 쏟아진 물과 입 밖으로 나간 말은 온전히 주워 담을 수가 없다.

말하고 나서 후회해 봐야 문제는 해결되지 않는다. 상대방에게 치명적인 상처를 주는 말을 해놓고 사과한다고 해서 상대방이 들은 말을 잊게 할 수는 없는 것이다.

실제로 파경으로 치달은 부부 가운데서는 '그때 좀 참았더라면……' 하는 후회를 하는 경우가 많다. 어떤 말을 할 것인지, 그리고 그 말의 결과는 어떻게 나타날 것인지 곰곰이 잘 생각해서 말하는 습관을 기르자.

4_잘 사는 법

부부십계명 · 남편십계명 · 아내십계명

이것들은 너무도 뻔하고 흔하고 게다가 훈계 투라서 나까지 들먹거리고 싶지 않은 부분도 있지만 역시 그냥 지나치기에는 뭔가 죄송스런 느낌이다. 역시 누구든 겸손하게 받아들이는 게 옳을 것 같다. 왼쪽 가슴이 따끔거린다면 빳빳한 종이에 차근차근 옮겨 적기를 권한다.

| 신혼부부 십계명 |

① 결혼 생활의 목표를 가져라
부부 공동의 목표는 생활의 활력소가 될 뿐 아니라 동지애를 갖게 해준다.
② 결혼 전에는 두 눈을 떠라. 그러나 결혼 후에는 한 눈을 감아라
일단 결혼했으면 상대방의 단점을 눈감아주고 장점을 확대시켜 바라보는 것이 좋다.

③ 어떤 경우에도 비교하지 말고 비밀을 갖지 말라

비교는 상대방을 비참하게 만들고 비밀은 서로를 멀어지게 만든다.

④ 화를 내기보다 화가 난다고 이야기하고 화를 품은 채 잠자지 말라

화가 나면 감정적으로 해소하지 말고 이성적인 대화로 해결해야 한다.

⑤ 마주 보지 말고 같은 방향을 향해라. 마주 보면 실망과 충돌밖에 없다

서로를 공격하지 않고 격려하며 상대방이 가는 길을 이해하려는 노력이 필요하다.

⑥ 애정과 경제는 분리될 수 없다. 돈을 사용하는데 하나가 되어라

경제적인 결정은 언제나 함께 의논해야 서로에 대한 애정과 신뢰가 싹튼다.

⑦ 입술의 30초가 가슴의 30년이 된다는 사실을 명심하라

따뜻한 말 한마디가 행복을 가꾼다.

⑧ 침실의 기쁨을 잘 유지하라. 성스러움은 가장 성적인 것이다

결코 외도를 해서는 안 되며 언제나 부부간의 성적인 교감, 즐거움을 함께 나누어야 한다.

⑨ 서로를 격려하고 신바람 나게 하라

⑩ 기도로 하루를 열고 기도로 하루를 닫아라

| 부부 십계명 |

① 남편이 말할 때는 고개를 끄덕이면서 맞장구를 치라
② 누군가와 말을 하고 있을 때 중간에 끼어들지 마라
③ 말을 할 때는 웃으면서 정이 드는 말을 골라서 하라
④ 자존심을 상하게 하는 말은 살맛까지 떨어지게 하므로 조심하라
⑤ 마음에 들지 않는 말이라도 그 앞에서 면박을 주지 마라
⑥ 나만 말하고 끝내지 말고 상대방에게도 말할 기회를 주라

⑦ 했던 말이나, 하고 있는 말은 더 이상 반복하여 말하지 마라

⑧ 말 할 때는 유머를 섞고 재치 넘치는 화법을 구사하라

⑨ 말 할 때 얼굴을 찌푸리거나 침이 튀지 않게 하라

⑩ 거짓말은 애당초 입가에 가까이도 하지 마라

| 남편 십계명 |

① 결혼 전과 신혼 초에 보였던 관심과 사랑이 계속 변치 않도록 노력하라

② 결혼기념일과 아내의 생일을 잊지 마라

③ 평소 아내의 옷차림과 외모에 관심을 보여라. 남편은 아내의 사랑스러움을 가꾸는 정원사라는 것을 알아야 한다

④ 아내가 만든 음식에 대해 말이나 행동으로 아내에 대한 감사를 표시하라

⑤ 결혼의 행복이란 부부간의 사랑보다도 평소에 부부가 얼마나 많은 대화를 나누는가에 달려있다

⑥ 아내의 마음에 상처를 주는 농담이나 행동을 삼가라

⑦ 가정불화가 있을 때 한 걸음 양보하라. 아내의 매력이 사랑스러움이라면 남편의 매력은 너그러움이다

⑧ 가정경제는 아내에게 일임하여 아내가 보람을 갖게 하라

⑨ 아내의 개성과 취미를 존중하고 키워주도록 하라

⑩ 하루에 두 번 이상 아내의 좋은 점을 말해주어 아내에게 기쁨을 주는 습관을 길러라

| 아내 십계명 |

① 자기 자신과 가정을 아름답게 꾸밀 줄 아는 재치와 근면성을 길러라

② 음식준비에 정성을 기울이고 남편의 식성에 유의하라

식탁은 가정의 화목을 도모하고 대화를 나눠는 친교의 광장이며, 하루의 피로를 풀고, 내일을 꿈꾸는 희망의 산실이다.

③ 혼자만 말하지 말라.

남편에게 말할 기회를 주지 않아 부부가 충돌하는 경우가 의외로 많다.

④ 남들 앞에서 남편의 결점을 늘어놓거나, 지나친 자랑을 하지 마라

⑤ 남편에게 따져야 할 말이 있을 때는 그의 기분상태를 참작하라

⑥ 남편에게는 혼자만의 정신적 휴식시간을 갖고 싶어 하는 심리가 있음을 잊지 마라

⑦ 중요한 집안일을 결정할 때는 되도록 남편의 뜻에 따르도록 하라

⑧ 남편의 수입에 맞춰 절도 있는 살림을 꾸려 나가도록 하라

⑨ 모든 일에 참을성을 가져라

⑩ 하루에 두 번 이상 남편의 좋은 점을 찾아 표현해줌으로써 남편이 기쁨과 긍지를 가지도록 하라

| 부부 대화 십계명 |

① 맞장구를 쳐주라

상대방을 인정하고 높여주는 맞장구는 멋진 인간관계를 만들어준다.

② 분위기에 맞는 말을 하라

때와 장소와 분위기에 맞는 말을 해야 한다.

③ 자존심 상하는 말을 쓰지 마라

자존심 상하는 말은 적을 만든다. 생각 없이 한 말이 상대방에게 상처를 줄 수 있다.

④ 정감 있게 말하라

정감 어린 언어 습관은 좋은 분위기를 만든다.

⑤ 상대방에게 말할 기회를 주어라

대화는 주고받는 것이지 혼자 떠드는 것이 아니다. 상대의 말을 듣는 것도 대화이다.

⑥ 같은 소리를 두 번 이상 반복하지 마라

아무리 좋은 이야기라도 계속 반복하면 기분이 상하게 된다. 한두 번이면 족하다.

⑦ 칭찬의 말을 하루 세 번 이상 하라

진심에서 우러난 칭찬은 상대에게 행복감을 느끼게 한다.

⑧ 좋은 말만 골라서 사용하라

말이 씨가 된다. 어떤 말을 쓰는가를 보면 그 사람의 장래를 짐작할 수 있다.

⑨ 유머의 소재를 스스로 개발하라

자기가 웃을 줄 아는 사람은 부자지만 유머로 남을 웃길 줄 아는 사람은 재벌이다.

⑩ 상대를 알아주는 말을 해 보라

사람은 누구나 자신을 알아주는 말에 힘이 생긴다.

| 멋쟁이 부부 십계명 |

① 격려의 말을 입버릇처럼 하라

배우자를 칭찬하는 말은 자주 할수록 좋다. 비웃음, 묵살 등 부정적인 표현은 삼간다.

② 하루 한 끼 이상 식탁 데이트를 하라

하루 한 끼 이상 부부가 함께 앉아 즐거운 대화를 하며 식사하는 습관을 들인다.

③ 매주 한 번 편지를 써라

배우자에게 고마움이나 애정을 표현하는 글을 전해 준다

④ 매달 한 번 이상 데이트를 하라

산책, 공연관람 등 부부만의 데이트는 서로에 대한 사랑을 재충전해준다.

⑤ 철따라 짧은 여행을 함께 계획하라

가까운 곳이라 할지라도 여행 계획을 짤 때부터 부부간의 정이 새로워진다.

⑥ 기념일을 챙겨라

기념일에 작은 선물이라도 주거나 추억 어린 곳을 찾아가는 이벤트를 하는 것이 좋다.

⑦ 여가 계획은 머리를 맞대고 짜라

자투리 시간이나 하루 정도의 여가라도 부부가 의논, 계획을 세워 보낸다.

⑧ 어려움을 반드시 함께 나누어라

어려울 때일수록 상대와 의논하고 서로 힘이 되어주도록 한다.

⑨ 실속 있는 부부 데이트를 하라

가 볼만 한 곳, 맛있는 음식점 등을 부지런히 알아뒀다가 활용한다.

⑩ 여가 생활을 정열적으로 하라

여가를 즐기는 것은 일하는 것 못지않게 중요하다. 쉴 때는 철저히 쉬는 것이 부부 사이에도 새로움을 준다.

5 _ 회사에서처럼 행동하고, 고객처럼 대하라

얼핏 보면 현대문명의 발달로 인해 여자들의 일거리가 많이 줄어든 것으로 보인다. 빨래는 세탁기가 하고 설거지는 식기세척기가 하고 청소는 진공청소기가 하고 밥은 전기밥솥이 하니, 남자들이 '요즘 세상은 여자들 살기 좋은 세상' 이라는 말을 할만도 하다. 적어도 가사노동만큼은 우리 어머니나 할머니 세대에 비해 많은 부분이 기계화되어 있다.

그럼에도 불구하고 요즘 여자들이 전세대의 여자들에 비해 더 한가해진 것은 결코 아닌 것으로 보인다. 현재 여성 경제활동인구는 1,000만 명을 넘어섰으며, 여성들은 오히려 더 바빠지고 힘들어졌다.

통계청이 발표한 자료에 따르면 지난 해 경제활동 참가율이 62.1%에서 62%로 떨어졌는데도 불구하고 여성의 취업은 더 늘어나 사상 처음으로 여성경제활동 참가율이 50.1%를 기록했다고 한다.

이는 15세 이상 생산가능 여성 인구 중 절반 이상이 취업 중이거나 일

자리를 구하는 등 노동시장에 참여하고 있다는 뜻이다. 여성 가구주 숫자도 계속 증가하는 추세이다.

형평성을 따지자면 여성들이 경제활동을 더 하는 만큼 남성들도 가사노동을 분담해야 한다. 언뜻 보면 남성들도 가사노동을 많이 하고 있는 것으로 보인다. 남학생들도 가정, 가사를 배우고 여학생들도 기술을 배우며, 설거지하는 남편이나 청소하는 남편이 예전에 비해 수적으로 증가한 것은 분명하다.

그런데 속내를 들여다보면 꼭 그렇지만은 않다. 가족 부양의 책임은 아내와 나누고 싶어 하면서도 집안일이나 자녀 양육, 부모 부양 등 전통적으로 여성들의 영역으로 여겨져 왔던 부분은 외면하고 싶어 하는 남편들이 오히려 증가하고 있다.

여성 가족부가 한국여성개발원에 의뢰해 지난해 10~12월 전국 2,925가구 5,973명(만 15세 이상)을 대상으로 실시해 발표한 '2005 가족실태조사'에 따르면, 남성응답자(2,738명)의 63.8%가 '오늘날에는 여성도 남성과 똑같이 가족부양의 책임이 있다.'고 답한 반면 가사노동이나 육아, 노부모 부양에는 매우 소극적인 것으로 나타났다고 한다.

이 조사에서 나타난 일 주일간 부부의 평균 가사노동 분담비율을 보면, 식사준비의 경우 여성 16.2회, 남성 1.35회였으며, 집안청소는 여성 6.9회, 남성 1.6회였다. 육아나 자녀교육에 있어서도 남성들의 참여율이 매우 낮았다.

12세 이하 자녀를 둔 아버지의 경우 목욕시키기(10.1%)가 비율이 가장 높았고, 다음으로 자녀와 놀아주기(7.7%), 병원 데려가기(4.3%), 숙제 봐주기(2.8%), 교육시설 알아보기(0.9%) 순으로 저조한 수치를 보였다. 청소년(15~24세) 자녀의 경우에도 지난 한 달 동안 자녀와 함께 산책이나 운동을 하거나(17.7%), 영화 연극 음악회 가기 등 문화생활(6.5%)을 즐긴 아버지는 매우 드물었다.

부모와 같이 살고 있는 청소년의 60.1%가 '아버지와 대화가 부족하다.'고 응답한 반면, 어머니와의 대화에 대해서는 71.1%가 '만족 한다.'고 대답해서 대조를 보였다. 가족 내 노인부양이나 환자를 돌보는 일도 여성들이 거의 떠맡고 있었다. 보살핌을 필요로 하는 노인 3명 중 2명(63.6%)이 아내(26.3%)나 며느리(25.4%), 딸(9.3%), 손자 며느리(2.5%) 등 여성의 노동력에 의존하고 있었다.

여성가족부에서 발표된 이 자료가 시사하는 바는 상당히 크다. 아직도 대부분의 남성들이 시대착오적인 사고방식을 가지고 있다는 사실을 단적으로 보여주고 있기 때문이다.

대다수의 맞벌이 가구에서조차 가사노동과 자녀 돌보는 노동을 아내가 주로 도맡고 있다는 것은 아직도 남성들이 여성들에 대해 지배적인 의식을 갖고 있다는 증거이다.

그러나 지금은 '성공하는 남편, 사랑받는 아내' 이데올로기가 지배하던 시대가 아니다. 남성은 경제능력으로 가족의 부양을 책임지고 여성은 가족의 심리적 안정을 책임지는 정서적인 역할만을 하던 시대는 이미 과거가 되어버린 것이다.

억눌린 자, 억압받는 위치에 있는 사람들은 사회의 변화에 더 예민하고 빠르게 반응한다. '아직까지 남아있는 유일한 노예계층'이라고까지 일컬어지던 여성들이 빠른 속도로 변하고 있다. 반면, 기득권자로서의 권리를 누리고 있던 남성들은 아직까지도 구태의연하고 현상 유지적인 모습을 보이고 있다.

남성들과 똑같이 교육을 받고 경제력까지 갖추게 된 여성들은 남성으로부터 점점 더 자유로워지고 있다.

정신적인 자립과 경제적인 자립을 할 수 있는 여건이 갖추어진 결과, 여성들이 권리를 주장하고 있는 것이다. 함께 일하고 함께 쉬는 평등한 가족문화, 여성이 시댁에 하는 만큼 남성이 처가에도 하는 공평한 가족문화, '아내의 집안일을 도와주는 것이 아니라 마땅히 해야 할 가사노동을 한다.'는 남성들의 의식변화가 있어야 할 때다. 남성들도 여성이 변하는 만큼 따라서 변화하지 않으면 가정 내에서의 남성의 지위는 그다지 희망적이지 않다.

이제 남편이 다른 여자를 사랑해도 자식을 바라보며 눈물을 삼키던 아내, 아내와 북어는 사흘에 한 번씩 패주어야 한다는 신념을 갖고 살아도 아무 말도 못하던 아내, 아무리 많은 술을 자주 마시고 와도 아침이면 해장국을 대령하던 아내, 집안일은 팽개쳐둔 채 직장일과 바깥일에만 매달려도 보약을 해다 바치던 아내, 휴일에는 밀린 잠만 자거나 취미생활만 해도 조용히 지켜봐주던 아내, 외식이라고는 아주 가끔 자장면만 먹어도 감격하던 아내는 더 이상 찾아볼 수 없다.

이러한 시대변화를 알아차리지 못하고 '내 어머니 같은 아내'만을 생각하던 남편들은 어느 날 갑자기 늘 그 자리에 있을 줄 알았던 아내에게서 이혼요구를 받으면 무척 황당해 하고 당혹해한다.

왜 헤어지자고 하는지를 이해하지 못하는 것은 물론, 그동안 아내가 참아왔다는 사실조차 인식하지 못하는 것이다. 모든 것을 해주는 아내에게 자신이 만족했으므로 당연히 아내도 자신에게 만족하고 있었을 걸로 생각한다.

그런 사람일수록 혼자 살 수 있는 능력이 없다. 아내와의 결혼생활이 끝나고 홀로 서는 순간 어디서부터 무엇을, 어떻게 해야 하는지 도무지 몰라 망연자실하게 된다.

남편들이 배우자에게 기대하는 것은 만족스런 성생활의 상대자, 취미생활의 동반자, 사랑스럽고 매력적인 외모 가꾸기, 맛깔스런 음식솜씨와 깨끗한 가정환경, 남편과 가장으로서의 존중인 반면, 아내들이 배우자에게 기대하는 것은 애정 표현, 다정한 대화상대, 신뢰와 믿음과 정직, 경제적인 안정, 가족에 대한 자상한 배려 등이다.

남편들은 아내에게 '기능'을 원하는 반면 아내는 남편들에게 '애정과 관심'을 원하고 있는 것이다. 이제는 남편들이 아내의 이런 욕구에 관심을 가져야 한다.

남성들과 똑같이 양질의 교육을 받은 여성들의 의식이 바뀌었고, 그 여성들이 남성들에게 의존하지 않아도 되는 경제력까지 갖추어가고 있다는 사실을 남자들은 알아야 한다.

아버지로서의 권위를 내세우며 팽개쳐두어도 제대로 돌아가던 예전의 가정도 아니고, 많든 적든 월급봉투만 가져다주면 만족하던 예전의 아내도 아니라는 사실 또한 간과해서는 안 된다.

가정에서 자신의 위치를 찾기 위해서는 회사에서 능력을 인정받기 위해 기울이는 만큼의 노력을 기울여야 한다. 말끔한 차림으로 윗사람·

아랫사람들과의 관계를 신경 쓰면서 주어진 업무를 다하고 할 일을 솔선
수범으로 찾아내서 하는 것처럼, 가정에서도 자신이 해야 할 일을 찾아
서 능동적으로 해야한다.

　고객에게 최선을 다하는 것처럼 가족에게도 그렇게 해야 한다.

6_남편에게 기대라, 하지만 기대하지 마라

앞에서 짚어 본 대로 물론 남편이 새로운 변화를 이해하고 바뀌어지도록 스스로 노력해야 한다. 그러나 남편에게 변화를 요구하는 만큼 아내에게도 변화가 필요하다. 사회의 발전에 미치는 여성의 역할은 생각보다 크다.

새로운 사고방식을 가진 여성이 새로운 가정을 만들고 새로운 세상을 만들 수 있는 것이다. 게다가 남성에게 의존적인 여성들조차 의도적으로 자립성을 길러야 하는 시대가 되었다.

우리나라도 이혼이나 독신의 증가로 가부장제가 급격하게 해체되는 모습이 나타나고 있는데, 여전히 '사랑받는 아내', '순종적인 아내', '희생하는 엄마'로만 남아있다가는 필연적으로 이혼을 해야 할 경우에도 혼자 살 능력과 자신이 없어서 참고 살아야만 하는 불행 속으로 빠져들 수 있는 것이다.

남편에게 기대지도 말고 남편에게 기대하지도 말라는 말이 반드시 직장에 출근하는 여성이 되라는 말은 아니다. 실제로 이혼 상담을 하거나 이혼 청구를 해서 진행 중인 경우를 보면, 남편의 사회적 지위도 높고 경제적인 기반을 갖춘 경우가 상당히 많다. 경제적인 독립도 중요하지만 그보다 더 중요한 것이 정신적인 독립이다.

여성들의 사회참여가 높아지고 경제력이 향상되고 있지만 가정에서 필요로 하는 여자들의 역할이 있는 한 가정주부가 직업을 가지는 일은 현실적으로 쉽지 않다.

출산과 육아가 남녀공동의 일이 되지 않는 한 '아내'로서의 역할은 감소시킬 수 있어도 '어머니'로서의 역할은 많은 부분 여성들에게 의지할 수밖에 없는 것이다.

우리나라 기혼 여성 근로자 열 명 중 네 명 이상이 첫 출산 후에 직장을 그만둔다. 결혼 전에는 취업 중이었더라도 결혼하면서 직장을 그만두는 경우까지 합해보면 결혼은 그야말로 여성에게 경제생활의 무덤이나 마찬가지이다.

어떤 이유로든 결혼 후 오랫동안 가정관리와 출산과 양육만을 담당해온 전업주부, 특히 경제적으로 피동적인 역할만 했던 중년여성이 홀로서는 일은 쉽지가 않다.

이혼에 대비해서가 아니라 인간으로서의 행복, 성공적인 결혼생활을 위해서도 홀로서기는 반드시 필요하다. 주부·아내·엄마·여자로서가 아닌 인간으로서의 진정한 삶을 찾으려는 노력을 항상 게을리해서는 안된다.

주변 사람들과의 의사소통 능력, 원만한 대인관계를 엮어나가는 기술, 문제가 생겼을 때 스스로 해결할 수 있는 능력 등을 향상시키기 위해 꾸준히 노력해야만 하는 것이다.

물론 이러한 능력은 적은 노력으로 금방 얻어지는 것이 아니다. 여자들 스스로 이러한 능력을 얻어내기 위해 자신의 삶은 철저하게 자신의 것이라는 것을 인지하고 현재 자신의 행동이 미래에 어떤 영향을 미칠 것인가를 항상 염두에 두어야 한다.

근시안적인 태도의 성급한 결정과 행동을 피하고, 일상적인 생활을 계속 유지하면서 반드시 미래를 위해 투자하는 '나만의 시간'을 배정하도록 하자. 1년 후의 나, 5년 후의 나, 10년 후의 나를 항상 그려보자. 기념일 · 휴일 · 주말계획을 세우는 것만큼 자신의 미래를 위한 계획도 꾸준히 세워나가야 한다.

또한 자신의 시간을 주체적으로 사용할 줄 알아야 한다. 혼자서도 스스럼없이 외출하고, 하루 스물네 시간을 자신의 의지대로 보내야 한다. 아무리 남편을 사랑하는 마음이 크다고 해도, 남편 없이는 심심하고 허전하고, 모든 행복은 남편에게 달려있고, 남편의 자리를 빼면 자신의 자리는 없는 아내가 되어서는 안 된다.

남편 입장에서 보더라도 자신의 세계를 갖고 있는 아내가 훨씬 매력적이다. 집에서 자신만을 바라보고 있는 아내보다는 남들 사이에 섞여서 당당한 생활을 영위하는 아내에게 더 신경을 쓸 수밖에 없다. 멋진 남성, 매력적인 남성, 아내를 유혹하는 남성들 사이에 있는 아내라면 결혼 전처럼 남편의 관심을 끌기에 충분할 것이다.

오늘 밤 남편이 곁에 없더라도 행복할 수 있어야 한다. 내 행복을 남편에게만 의지하는 것은 어리석은 일이다. 냉정한 말이지만 부부는 돌아서면 남이다.

결국 믿을 것은 자기 자신이며 의지해야 할 것도 자기 자신이다. 결혼 생활은 부부가 함께 참가하는 마라톤 경주와 같다.

남편과 함께 평소에 연습하고 북돋워주며 서로를 이끌어줄 수는 있겠지만 아무리 옆에 서서 나란히 달려간다고 해도 달리는 사람은 자기 자신인 것이다.

배우자가 옆에서 달리고 있다고 해서 다리가 안 아프고 숨이 안 가쁜 것은 결코 아니다. 고독하지 않은 것도 아니다. 그 누구도 자신의 삶을 대신 살아줄 수는 없다.

7_상대방을 성적으로 만족시켜라

부부가 이혼할 때 내세우는 서로 흔히 내세우는 이유인 '성격차이' 가운데에는 '성적 불만' 이 많은 부분을 차지하고 있다.

자주 싸우면서도 금방 화해하고 며칠 후면 함께 취미생활을 즐기는 부부가 있는가 하면, 별로 싸우지도 않고 잘 사는 것 같은데도 한번 싸우고 단박에 이혼으로 이어지는 부부도 있다. 그 비밀은 부부 간의 성생활인 경우가 많다.

결혼관련 속설 중 현실과 가장 동 떨어진 내용을 묻는 설문조사에 여성 응답자 중 32.5%가 '일부종사' 를 꼽았고, '부부싸움은 칼로 물 베기' (15.0%), '부부는 일심동체' (12.5%) 순으로 대답이 나왔다고 한다.

이 재미있는 설문조사에서 알 수 있다시피 비록 '일부종사' 와 '부부싸움은 칼로 물 베기' 라는 전통적인 가치관을 전면적으로 부인하는 시대가 되었다 할지라도, 성적인 만족도가 높은 부부는 아직까지는 '부부싸움은 칼로 물 베기' 라는 공식이 통용되곤 한다.

그러나 가정에 여러 가지 문제가 있으면서 상대방에게 성적인 불만까지 겹쳐져 있는 경우의 부부싸움은 절대로 칼로 물 베는 정도로 끝나지 않는다.

중년 부부의 성적인 불균형은 어제 오늘의 일이 아니다. 사십 대 중반을 넘어간 남성은 사회의 중추적인 역할을 하느라 바빠서 스트레스는 많아지는 반면 신체적인 능력은 떨어져 성기능도 저하된다.

반면 삼십 대 후반부터 사십 대의 여성은 성적 욕구가 오히려 강해지므로 부부간에 성적인 트러블이 발생할 확률이 아주 높아진다. 문제는 여성들이 더 이상 성적인 불만을 쉬쉬하며 숨기지 않고 참으려고 하지도 않는다는 점이다.

유교적이고 가부장적인 사고방식을 갖고 있던 우리나라에서 성에 관한 다양한 문제가 겉으로 드러나기 시작한 것은 인터넷의 보급과 밀접한 관련이 있다. 1990년대 후반부터 인터넷 이용인구가 급속도로 늘어나면서 우리 사회에 성 담론이 당연시되기 시작했다. 신세대들의 성 풍속도도 과거와는 비교가 되지 않을 만큼 판이하다.

원조교제, 노래방 도우미, 채팅, 번팅…… 이러한 단어들이 누구나 알고 있는 보편적인 단어가 되었을 지경이다.

성 문제가 사회적으로 차근차근 단계를 밟아 진전되지 않고 갑자기 개방되어 버려서 성에 관한 여러 가치관이 뒤섞여 있는 상태이다.

예전에는 성에 관한 지식을 얻을 곳이 없었을 뿐더러 여성들이 성에 대해 관심을 가지는 것조차도 금기시 되었다. 성에 관해 개방적인 여성은 가정 내에서뿐만 아니라 주변 사람들로부터도 제재를 받곤 했다. 따라서 부부간의 성적인 문제는 불만스러워도 참는 방법밖에 없었다.

하지만 이제는 여성들이 자신의 욕구와 불만을 표출한다. 뿐만 아니라 욕구와 불만이 가정 내에서 해소되지 않으면 과감하게 다른 상대를 찾는 여성들이 늘고 있다.

예전에는 여성들이 배우자 외의 남성을 만날 기회가 적었지만, 요즘은 인터넷 채팅, 동창회, 나이트클럽 부킹, 직장 내 회식, 산악회 등 마음만 먹으면 얼마든지 다른 남성들을 접할 수 있다.

'애인 없는 유부녀들은 바보 취급 받는다.' 는 류의 이야기들을 신문기사에서조차 심심찮게 접할 수 있는 것이다.

이런 말들이 근거 없는 낭설만은 절대 아닐 것이다. 반면 남성들의 생활패턴은 그대로이다. 달라진 점이라면 가정 밖에서 만나는 여성의 상당수가 예전과 달리 유부녀라는 점 정도일 것이다.

따라서 자신에게는 관대하면서 아내에게는 보수적이었던 남자들의 의식이, 변화된 여성들의 의식을 따라오지 못해 이러한 충격들이 이혼으로 이어지는 경우가 많다. 드러나던 드러나지 않던 간에 많은 이혼에 성적인 문제가 포함되어 있다.

단적인 예를 하나 들어보자. 정관 복원수술의 경우 예전에는 아이를 더 가지려는 목적으로 병원을 찾는 사람이 대부분이었다고 한다. 그런데 요즘은 재혼을 앞두고 찾아오는 사람들이 많다고 한다.

정관복원수술 통계와 이혼율 통계가 거의 비슷한 추세로 상승하고 있다는 사실은 결혼과 성생활의 밀접한 관계가 겉으로 드러나고 있다는 것을 말해준다.

우리나라 4, 50대 이후 중년 남성의 절반 정도가 성기능에 다소의 문제를 가지고 있다고 한다. 앞에서도 부부간의 갈등은 대화로 해결하라고 했지만 성기능 문제로 인해 생긴 갈등만큼은 대화보다는 비뇨기과 방문이 효과적이다.

병원을 통해 문제점을 찾고 해결하려고 하면 서먹한 부부사이가 확연히 달라질 수 있다. 이 글을 읽는 당신도 이런 문제를 가지고 있다면 병원을 찾을 것을 권하고 싶다.

요즘의 부부들은 예전에 비해 배우자를 성적으로 신뢰하지 못한다. 따라서 아내들은 부부관계가 없거나 원만하지 않으면 성기능에 문제가 있다고 보고 걱정하는 것이 아니라 외도를 하고 있거나 애정이 식었다고 의심한다.

불과 몇 년 전까지만 해도 성기능 때문에 비뇨기과에 상담을 하는 남성들에게 수술을 권하면 그렇게까지 할 필요는 없다며 그냥 돌아가는 사람들이 많았지만, 최근에는 성기능 강화를 위한 수술 환자가 부쩍 늘었다고 한다. 아내의 불만을 적극적으로 해소하려는 남성들이 늘어난 것은 무척 고무적인 일이다.

모든 것을 갖고 있는 것처럼 보이는 기혼여성이 도무지 이해할 수 없는 형편없는 남성을 따라 가출해버리는 경우가 종종 있다. 이런 경우는 거의가 남편에게서 얻을 수 없었던 성적 만족을 그 남성에게서 얻을 수 있었기 때문이다.

경제력이 없더라도 성적으로 만족하는 여성은 힘든 생활을 이겨내지만, 성적으로 문제가 있으면서 경제력에까지 문제가 있는 남편 곁을 끝까지 지키려는 여성이 이제는 거의 없다.

　그런가 하면 섹스리스(sexless)로 인한 상담도 증가하고 있다고 한다. 섹스리스 커플이란 오랜 기간 섹스를 하지 않는 부부를 가리키는 말로 일반적으로 1년에 1~2회 정도면 섹스리스로 분류된다.

　섹스리스의 원인 중 하나는 배우자의 성기능 장애이다. 발기부전과 조루 혹은 성 불감증이 성 기피증이나 성욕 저하로 이어질 가능성이 크다. 부부가 함께 성관계를 기피한다면 그것은 결혼생활에 큰 영향을 미치지 않는다.

　한쪽은 성관계를 원하는데 한쪽은 성관계를 기피하는 것보다는 오히려 상황이 더 낫다. 드물지만 부부가 성관계를 갖지 않으면서도 같은 취미를 가지고 원만한 가정생활을 영위하는 부부들도 있다. 하지만 대부분의 경우에 부부 중 한사람이 관계를 기피하고 다른 일방은 불만이 축적된다는 데 문제의 심각성이 있다.

　기혼여성들을 대상으로 부부의 성생활에 관해 조사한 결과를 인터넷 뉴스에서 본 적이 있다. 놀랍게도 한 달에 섹스를 한 번 이하로 하는 '섹스리스' 여성은 28%에 달하고 20대 젊은 부부 중의 '섹스리스' 비율도 12%를 넘는다고 조사되어 있었다.

　성생활에 만족하지 못하는 배우자의 절반 이상이 결혼 생활에도 불만을 갖고 있다. 결혼을 성적인 측면에서 들여다보면 '공인된 성생활' 을 인정해 주는 것이다. 결혼이라는 제도 자체에 성생활이 큰 부분을 차지하고 있다. 정만 가지고 살기에는 무언가 부족하다는 말이다.

　부부가 상대방에 대해 성적 매력을 느끼고 성적으로 만족을 주기 위해 적극적으로 노력하는 커플이 이상적인 부부임은 말할 나위가 없다. 겉보기에 아무런 문제가 없어 보이는 부부도 성적 불만이 내재되어 있는 경우 언제 터질지 모르는 시한폭탄을 안고 있는 것과 마찬가지이다. 당장 문제가 발생하지 않더라도 섹스리스에 대해 문제의식을 가지고 해결해야 하는 이유가 여기에 있다.

주로 남성들의 성적인 문제에 관해 언급이 되었지만 이는 신체구조상 남성들의 문제가 겉으로 드러나기 때문일 뿐, 남성만 배우자를 성적으로 만족시키기 위해 병원을 찾고 노력해야 하는 것은 절대로 아니다.

집 밖에는 멋진 옷을 차려입고 날씬한 몸매로 유혹하는 여자들이 많은데 아내는 성적인 매력과는 동떨어진 옷차림과 태도로 방심하고 있다면 남편이 한눈을 팔아도 할 말이 없다.

날씬한 몸매를 위해서 운동도 하고, 남편의 성적인 만족도를 높이기 위해 체조나 질 근육을 강화시켜주는 케겔 운동쯤은 찾아서 하는 센스를 발휘하는 아내를 가진 남자는 외부로부터의 유혹이 있더라도 의연하게 가정을 지킬 것이다.

부부간의 행복한 성생활을 위해서 최소한 명심해야 할 몇 가지 사항을 살펴보자.

가장 소중한 성감대는 마음이다
서로에 대해 연구하고 함께 노력한다
자신이 원하는 것을 말하고 느낌을 표현해야 한다
규칙적이면서도 매번 조금씩 특별하게 해본다

서로의 육체를 시각적, 촉각적으로 즐기도록 한다

부부관계는 누구의 방해도 받지 않아야 한다

성을 무기나 수단으로 삼으면 안 된다

정신적 배려 못지않게 전희, 후희도 중요하다

8_ 배우자의 부모는
내 부모와 다르다는 것을 인정해라

사회뿐만 아니라 가정에서도 전통과 현대가 아직 혼재하는 우리나라의 경우 서양보다 훨씬 더 끈끈한 가족 간의 유대를 가지고 있다. 따라서 살아온 시대와 겪어온 일들이 다른 두 세대, 특히 혼인으로 새로 관계가 시작된 사이에서는 갈등이 있을 수밖에 없다.

며느리와 시댁간의 갈등은 대부분 다른 환경에서 자란 새로운 사람이 들어와 새로운 환경에 적응하는 과정에서 생기는 갈등이다. 결국은 아들과 남편을 놓고 벌이는 '사랑의 쟁탈전'인 것이다.

고부 갈등을 잘 헤쳐 나가기 위해서는 남편을 내 편으로 만들어야 한다. 남편이 자상하고 섬세하며 또한 아내에게 친절하게 대해주는 경우, 시부모와의 관계에서 아내의 바람막이 역할을 해주지 못할 수 있다. 남편의 아내에 대한 자상함 이면에 어머니와의 관계에서 비롯된 나약함이 숨어있기 때문이다.

그런 남편의 성격은 어릴 적부터의 모자관계에서 형성된 것이다. 특히 시어머니가 어렵게 생활했거나 일찍 남편과 사별한 경우, 남편이 바람을 폈거나 경제적 능력이 없었던 경우에 시어머니는 남편에게서 얻을 수 없었던 정서적인 위로를 아들에게서 얻게 되고 아들을 의지하게 된다.

착한 남편일수록 착한 아들이기 마련이므로 불쌍한 어머니를 위해 모범적인 자식노릇을 하다가 자칫 어머니에게 꼼짝 못하는 마마보이로 발전하게 되는 것이다.

이런 아들이 자신의 가정을 이루고도 어머니의 의견을 거부하지 못하고 전적으로 수용하게 되면, 가장 큰 피해자가 아내가 되기 쉽다. 아내와 어머니의 갈등을 남편이 중재하기는커녕 전적으로 어머니의 손을 들어줌으로써 아내에게 더 큰 상처를 주는 것이다.

갈등이 있다면 서로의 원인이 무엇이고 어떻게 해결하는 것이 바람직한지를 객관적으로 살펴보아야 한다.

시어머니와 며느리는 성격과 가치관, 생활 형태에서 갈등을 일으킬 수밖에 없다. 경제적인 빈곤과 가부장적인 제도 하에서 숨죽이며 살아온 세대가 시어머니 세대이고, 풍족하고 여유 있는 환경에서 먹고 싶은 것, 가지고 싶은 것 다 가지면서 절제의 미덕을 깨치지 못한 세대가 며느리 세대이다. 갈등이 없다면 오히려 이상할 것이다.

특히 일찍 남편을 잃고 자식만을 바라보고 희생하며 살아왔거나 평소 성격이 꼼꼼하고 근검절약이 몸에 밴 시어머니의 경우, 며느리에 대해 못마땅하고 섭섭하고 괘씸하게 느끼기 쉽다.

한 번 마음이 어긋나면 사소한 일을 가지고도 갈등이 증폭된다. 아들이나 며느리가 무심코 한 행동을 보고서도 의미를 곡해하거나 섭섭해 하며 마침내는 고부갈등을 불러일으킨다. 현재 며느리의 자유로운 생활과 억압된 자신의 지난날이 비교되어 억울하거나 불면증, 피해망상증까지 느낄 수도 있다.

며느리에게서 찾아볼 수 있는 문제점도 많다.

첫째는 자기중심적인 삶의 태도이다. 여권운동, 가정의 민주화, 인생을 즐기기 위한 결혼관 등이 보편화되었고, 어려서부터 딸 아들 차별 없이 자라온 오늘날의 며느리들은 자기를 희생한다든가 괴롭고 불편한 관계를 오래 참는다든가 하는 훈련이 되어있지 않다.

'귀머거리 삼 년, 봉사 삼 년, 벙어리 삼 년'의 세월을 견뎌왔던 시어머니와의 조율이 쉬울 리 없다.

두 번째는 경제적인 낭비이다. 시어머니 세대들이 갖고 있는 근검절약 정신과는 달리 오늘날 젊은 여성들은 하고 싶은 것은 하고 사고 싶은 것은 산다. 시어머니 눈에는 낭비벽이 있다고 보일 수밖에 없다.

더구나 며느리가 전업주부인 경우 아들이 벌어다준 돈을 함부로 쓴다고 생각하기 마련이다. 시어머니 입장에서는 예뻐 보일 리가 없으니 당연히 고부간의 갈등이 생길 수밖에 없다.

그렇다면 고부간의 갈등을 해소할 방법은 무엇인가?

부부간의 갈등 해소 방법과 마찬가지고 가장 중요한 것이 대화이다. 무엇보다 상대방이 자라온 환경과 입장에서 생각해보고 이해하려고 노력하면서 충분한 대화로 풀어나가야 한다.

상대의 태도를 비난하거나 서운한 감정을 드러내기 전에 상대방의 설명을 들어보는 자세가 필요하다.

중간에 위치한 남편의 역할이 중요함은 말할 것도 없다. 어머님과 아내 어느 한쪽에 지나치게 기울게 되면 반드시 부작용이 생기고 가정불화, 심지어는 파탄까지 불러올 수 있다.

예전에는 며느리와 시어머니의 갈등이 대세를 이루었으나 요즘은 사위와 장모의 갈등도 많다고 한다. 자녀가 많지 않고 딸 아들 구별 없이 키우는 시대여서 딸이 조금만 불이익을 당하면 처갓집에서 절대 참지 않는다. 출가한 딸에게 '죽어도 시집 귀신이 되어라.' 고 했던 이야기나 '화장실과 처갓집은 멀수록 좋다.' 는 이야기는 그야말로 '호랑이 담배 피던 시절' 의 이야기이다.

특히 외동딸을 애지중지 하며 키운 장모들은 딸에게 잘못하는 사위의 행동에 사사건건 개입하는 경우가 많다. 작은 문제만 생겨도 친정으로 바로 전화를 해서 고자질하는 마마 걸 역시 점점 늘어가고 있는 중이다.

그런가 하면 어떤 장인들은 장모보다 더 다혈질이다. 눈에 넣어도 아프지 않을 듯이 딸을 키웠던 4, 50대의 젊은 장인들은 사위가 딸에게 잘못했을 경우 바로 딸을 데리고 가버린다.

이런 현상은 우리나라에만 있는 것이 아니다. 선진국일수록 장인·장모가 개입하여 이혼하는 비율이 높다. '중혼의 가장 큰 형벌은 두 명의 장모가 생기는 것이다.' 라는 미국 조크가 있을 정도이다.

한편 '고부가 함께 만드는 가정천국' 이란 주제로 고부워크숍을 한 기독교가정사연구소는 고부갈등을 지혜롭게 풀기 위한 고부십계명을 발표했다.

보편적인 동의를 얻기는 어렵겠지만 참고로 적어보면 다음과 같다.

① 아들의 행복을 먼저 생각하라

며느리는 아들이 선택한 여인일 뿐 아니라 이미 그와 한 몸을 이루고 있다. 따라서 며느리에 대한 험담이나 흉은 곧 아들에 대한 모욕이다.

② 며느리를 딸처럼 생각하라

필요하면 가르치고 친절한 벗이 되라. 무엇보다 '어머니'가 되길 힘쓰고 자신의 딸도 남의 집 며느리가 된다는 것을 기억하라. 무엇을 심든지 심은대로 거둔다.

③ 아들 부부의 사생활을 존중하라

나와 다른 것을 인정하고, 저녁 9시가 넘으면 며느리를 부르지 마라.

④ 딸 앞에서 며느리의 위신과 체면을 세워줘라

시어머니는 무조건 며느리편을 들어라. 후계자를 소홀히 해서는 안된다.

⑤ 며느리에게도 기회를 주라

특히 자녀양육은 맡기고 간섭하지 마라. (이상 시어머니)

⑥ 친정 어머니처럼 다정하게 대하라

신약성경에는 시어머니란 말이 없다. 말과 생활 속에서 '시' 자를 없애라.

⑦ 시누이를 내 편으로 만들어라

시댁에 대해서만큼 나보다 더 많은 정보를 갖고 있으므로 항시 의견을 구하고 무조건 도와달라고 하라.

⑧ 시어머니 말씀에 무조건 '예'로 대답하라

언제나 긍정부터 하고 어떤 경우에도 말대답을 하지 마라.

⑨ 어떤 경우에도 시댁 흉은 보지 마라

마치 고해성사를 받은 성직자처럼 시댁의 허물에 대해서는 침묵하라. 기회가 닿는대로 자랑하고 높여주라.

⑩ 마음을 즐겁게 해드려라

돈이 아니다. 쓰잘 데 없는 이야기라도 자주 말을 걸고 손과 다리를 자주 주물러 드리며 자주 웃어라. (이상 며느리)

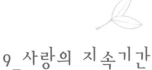

9_사랑의 지속기간

여러 경로로 밝혀졌다시피 열정적인 사랑이 지속되는 기간은 길지가 않다. 사랑이 지속되는 기간에 있어서는 설이 분분하지만 길게 잡아도 3년을 넘지 못한다고 한다.

두 사람이 그냥 사귀는 경우에는 어느 쪽의 애정이 식으면 헤어지면 된다. 늦게 사랑이 끝난 쪽의 마음이 더 오래 아프기는 하겠지만, 새로운 사랑을 만나게 되면 과거의 사랑쯤이야 아련한 추억으로 남는 것은 시간문제다.

그러나 이미 결혼한 두 사람의 애정이 식는 문제는 간단하지가 않다. 결혼 전의 열렬한 애정이 식었다고 해서 혼인생활을 접는다면 한번의 결혼으로 평생 지속되는 가정은 아마 하나도 없을 것이다.

결혼했다고 해도 얼굴에 유부남, 유부녀의 표지를 달고 다니지도 않으니 여전히 유혹은 여기저기 있을 터이고, 새로운 이성에게 마음이 안 끌리라는 법도 없다.

그러나 결혼한 남녀가 새로운 사람을 사귀는 것은 불륜에 지나지 않는다. 일정요건을 갖출 경우 도덕 이전에 형사 처벌의 대상도 되는 행동인 것이다. 결혼의 구속력이 여기에 있다.

남녀가 결혼을 위해 배우자를 선택할 때 일반적으로 자신과 다른 스타일의 상대에게 마음이 끌린다. 자신이 갖지 못한 것을 갖고 있는 매력적인 상대를 선택하게 되는 것이다.

맞지 않는 사람과 만나서 기대치만 높으니 서서히 갈등이 빚어지는 것은 당연한 일이다. 상대가 낯설고 새로워서 느꼈던 매력은 익숙해지고 갈등에 노출되면서 지루하고 지겨워진다.

보통 결혼하고 3년이면 상대에게 흥미를 잃게 되고 첫 번째 권태기가 찾아오게 된다. 그런 경우 바람을 피우는 상대로는 아내와는 다르고 자신과는 비슷한 성향의 편안한 이성을 찾는 경우가 많다고 한다.

결혼 후에 남편의 변심을 호소하는 한 여성의 사연을 보자.

저는 결혼 4년차입니다. 세 살 된 딸이 하나 있고, 연애를 5년 정도 했습니다. 남편은 연애 때는 절대 한눈 판 적 없고 저밖에 몰랐습니다. 그런데 결혼 후 약 6개월 후부터 남편의 행동에 변화가 보였습니다. 컴퓨터를 오래하고 TV만 보고 대화도 별로 없었습니다. 저는 연애기간이 길었던 만큼 신혼기간이 짧다고만 생각했습니다. 시댁에 더 잘하고 남편 입맛에 맞게 음식도 해주고 애 낳고 직장 생활 하면서 열심히 살았습니다.

권태기려니 생각하고 곧 나아질 것으로 생각했는데 점점 사이가 나빠졌습니다. 부부관계도 없고 저하고는 대화도 하려하지 않고 신경질 적이었습니다. 언젠가부터 잘 때도 핸드폰을 가지고 자고 화장실에도 가지고 가며, 몰래 통화를 하는 모습을 몇 번 목격했습니다. 물론 비밀번호가 설정되어 있었어요. 비밀번호를 알아내서 보니 회사 여직원과 함께 찍은 사진, 애정 어린 문자, 날마다의 통화내역……. 하늘이 무너지는 것 같았습니다. ……

이런 사연은 그야말로 비일비재하다. 상대방이 내 것이 되었다는 것이 확인된 순간 남자들은 긴장이 풀어진다. 그렇다면 문제를 해결할 방법 역시 긴장감에서 찾아야 할 것이다. 해답은 간단하다. 상대를 꾸준히 긴장하게 만들면 되는 것이다.

남편이 무관심해졌다고 생각될 때 감정을 내세워 싸우는 것은 절대로 피해야 한다. 남편을 일단 남편이 아닌 '남자' 로 보고 객관적인 자세를 유지해야 한다.

설사 다른 여자와 사랑에 빠져있는 미운 남편이라 할지라도 이혼할 결심이 아니라면 상대로 하여금 불필요하게 나를 경멸하게 만들어서는 안 된다.

만일 지금까지 알뜰주부 노릇을 하느라 옷도 안 사 입고 화장품도 없고 영화며 운동에도 투자하지 않았다면 우선 자기 자신부터 가꾸는 것이 좋다.

돈이 아깝다고 생각하지 말고 영화도 보고 혼자 쇼핑도 나가고, 남편의 시선을 끌기 위해서 다소의 연극을 하는 것도 괜찮다. 배우자로 하여금 경쟁자가 있다고 느끼게 하는 것이다.

화장실 갈 때 핸드폰을 챙겨들고 간다든지 가끔 누군가와 함께 시간을 보내고 있는 것처럼 행동하는 것도 좋다.

남편과 함께 있을 때 남편만 보는 게 아니라 책을 읽거나 음악을 들으며 행복해 하는 모습을 보여주는 것도 괜찮다. 아내에게서 낯선 모습을 발견하게 하는 것이다.

유치하긴 하지만 대다수의 남편들은 이런 유치한 술수에 잘 넘어간다. 아내가 이상해졌다고 느낀 순간 남편은 달라질 것이다.

| 제2장 |

시작의 또 다른 이름,
이혼

1_조앤롤링 이야기

　해리 포터 시리즈의 작가 조앤 K. 롤링의 삶은 그 자체가 현대의 신데 렐라 이야기다. 롤링은 1997년 '해리 포터와 마법사의 돌'을 내놓기 전 까지만 해도 생활비마저 턱없이 부족해서 정부 보조금으로 근근이 딸을 양육하고 있었던 아주 가난한 이혼녀였다. 작가지망생이어서 글을 쓰고 싶었으나 좁고 낡은 집에는 글을 쓸 공간마저 없어서 동네 찻집의 책상 에 몇 시간이고 앉아 손으로 원고를 써 내려 가던 처지였다.

　조앤 K. 롤링은 1965년 7월 31일 영국 치핑 소드베리라는 작은 마을에 서 태어났다. 아버지 피터 롤링은 비행기 공장 지배인, 어머니 앤 롤링은 실험실 연구원이었다. 그의 부모는 영국의 전원과 책에 대한 애정이 남 달랐다. 그는 태어난 순간부터 호기심이 많고 활동적인 아이였다. 아이 는 종종 자기 방이나 뒤뜰의 키 큰 풀숲 속에서 상상놀이를 즐겨하곤 했 다. 그런 아이의 상상력을 한껏 길러주기 위해 부모는 그녀가 어릴 때부터 책을 읽어주기 시작했다.

그녀는 일찍부터 천부적인 이야기꾼으로서의 재능을 드러냈다. 하지만 일찍부터 작가로 성공한 것은 아니었다. 엑세터대학 불문학과를 졸업한 뒤 비서직으로 취직했으나 얼마 뒤 해고를 당한다. 그는 최악의 비서였기 때문이다. 정신적 지주인 어머니가 갑작스레 돌아가시고 스물여섯 나이에 또 다시 일자리를 잃었고 남자친구와의 관계는 오리무중이었고, 그녀의 생도 오리무중이었다.

이 무렵 그녀는 포르투갈의 TV 방송국 기자와 사랑에 빠져 결혼했지만 첫 결혼생활은 불행했다. 1992년 첫 아이를 임신했으나 남편과는 결국 이혼하게 된다. 그는 여동생으로부터 '가까운 곳에서 같이 살자.' 는 편지를 받고 영국 에든버러행 열차에 몸을 실었다. 딸 제시카와 옷가방 하나, 그리고 제3장까지 완성한 '해리 포터와 마법사의 돌' 원고뭉치가 그가 가진 전부였다.

현실은 비참했다. 그는 훗날 피플지誌와의 대담에서 이렇게 밝혔다. "갓난아기는 있고, 일자리는 없고, 아무런 대책도 없이 낯선 장소에 내동댕이쳐진 셈이었어요." 간신히 허름한 단칸방을 구해 비바람은 피했지만 그녀는 글을 쓸 것인가 막노동이라도 해서 생계를 유지할 것인가의 사이에서 심각한 갈등을 했다.

전력을 다해 빨리 해리 포터 이야기를 완성하고 싶은 마음은 간절했지만, 글에만 매달리는 것은 어린 딸아이에게 너무나 미안한 일이었다.

어느 비 내리는 오후에 그녀는 여동생에게 해리 포터에 관한 이야기를 해주기 시작했다. 이야기를 듣던 동생은 금세 빨려 들어갔고 언니에게 그때까지 써놓은 원고를 모두 보여 달라고 부탁했다. 여기서 그는 용기를 얻는다.

결국 그는 1년 이내에 책을 완성해서 출판을 하기로 결심한다. 생계는 공공보조금을 신청해서 해결하기로 했다.

그녀는 열악한 환경에서 글을 써내려갔다. 집에서는 글을 쓸 공간이 없어서 잠든 아이를 유모차에 태운 채 근처 카페로 가서 구석 테이블에 앉아 손으로 원고를 썼다.

그는 '해리 포터와 마법사의 돌' 초고가 완성되자 그의 글에 관심을 보인 크리스토퍼 리틀이라는 에이전트를 통해 영국 굴지의 출판사들에 보내기 시작했다. 그러나 이 원고를 받아주겠다는 곳은 한 곳처 없었다.

그랬던 롤링이 지금은 세계적인 명사가 됐다. 해리 포터 시리즈가 성경 다음으로 많이 팔린 베스트셀러가 된 덕분에 롤링은 천문학적인 부를 쌓았다. 2005년 12월 현재 그의 재산은 약 1조원에 이른다. 사회적인 명예도 최상급이다. 그는 포브스지誌가 선정한 '세계에서 가장 영향력 있는 여성'에도 포함되어 있는데 2005년 현재 그녀는 엘리자베스 영국 여왕의 75위보다도 높은 40위에 기록되어 있다.

그녀는 지금 어떻게 살고 있을까? 여전히 이혼녀일까? 아니다.

조앤 K. 롤링은 2001년, 5살 연하의 의사인 닐 머레이와 재혼해서 현재 남편과의 사이에서 낳은 두 아이를 포함한 세 아이들과 함께 19세기에 세워진 스코틀랜드의 유서 깊은 대저택에서 살고 있다.

이런 의문을 가질 수 있을 것이다. 만일 그녀가 가난한 이혼녀가 아니었어도 해리포터 시리즈가 탄생할 수 있었을까? 재혼 후에 임신과 출산,

육아로 인해 글 집필이 늦어진다는 소문에 휩싸이기도 한 그녀가, 처음부터 의사의 아내로 세 아이를 키우고 있었더라면 그토록 절박한 심정으로 해리포터를 써내려갈 수 있었을까? 아닐 것이다.

때로 고난과 절박함은 새로운 행복의 길로 향해 가는 좁은 도로가 되기도 하는 것이다. 지금 어렵다고 해서 절망할 필요는 없다.

2_이혼과 혼인에 관한 통계
한국의 이혼 문화가 달라지고 있다!

해마다 통계청에서 발표하는 혼인과 이혼 통계 결과를 보면 한국의 가정이 얼마나 급속도로 해체되고 있는지 알 수 있다.

1990년대 초반 통계를 분석해보면 결혼은 20년 전에 비해 71.3%가 늘어난 반면, 이혼은 무려 5배나 증가했다. 특히 결혼 후 5년 안에 이혼하는 부부가 전체 이혼 부부의 36.5%였으며, 많은 경우 결혼 후 2년도 안돼 고비를 맞는 것으로 나타났다.

그런가 하면 통계청이 발표한 '2004년 혼인, 이혼 통계 결과' 자료에 따르면 2004년 한 해 동안 310,944쌍이 혼인하여 2003년에 혼인한 304,932쌍 보다 6,012쌍이 증가했다. 이처럼 혼인 건수가 증가한 것은 재혼과 외국인과의 혼인이 많이 증가했기 때문이다.

2004년 혼인한 부부의 평균 초혼연령은 남자 30.6세, 여자 27.5세로 2003년 보다 남자 0.5세 여자 0.2세 각각 많아졌으며 10년 전(1994년)보다는 남자 2.3세, 여자 2.3세 각각 많아진 것으로 나타났다.

한편, 2004년 한 해 동안 139,365쌍(1일 평균 381쌍)이 이혼하여 2003년 한 해 동안 이혼한 167,096쌍(건)에 비해 27,731쌍이 감소하였다. 이혼율이 높아지는 것에 대한 위험인식이 확산되면서 이혼을 자제하려는 노력의 결과인 것으로 보인다.

2004년을 기준으로 볼 때 주된 이혼 사유는 부부간 성격차이가 49.4%로 가장 많고, 경제문제 14.7%, 가족간 불화 10.0%의 순서였다.

2006년 3월에 발표한 통계 자료를 살펴보면, 재혼이 빠르게 증가하는 추세에 있다는 사실을 알 수 있다. 재혼인구는 매년 사상최고치를 갈아치우면서 2005년 현재 전체 혼인건수 중 14.7%를 차지했다. 100쌍 중 15쌍은 재혼 커플인 셈이다.

내용상 본서와의 직접적인 관계는 없지만 참고 삼아 살펴보면 외국인과의 혼인도 급속히 늘어나고 있다. 2005년 외국인과의 혼인은 전체 혼인 건수의 13.6%로 2004년보다 2.2% 더 증가했다.

2005년 통계를 보면 2년 연속 혼인건수가 소폭 증가하여 하루 평균 867쌍이 혼인한 것으로 되어있다. 반면 하루 평균 352쌍이 이혼함으로써 이혼은 2003년을 정점으로 줄어드는 현상을 보였다.

통계청이 발표한 2005년 혼인 건수는 총 316,375건으로 전년대비 1.7% 늘었다. 혼인건수는 지난 96년 434,900건을 기록한 뒤 지속적으로 감소하면서 지난 2003년 305,000건까지 줄었다. 이후 2004년 31만 건으로 증가한 이후 2년 연속 늘고 있다.

재혼 비중이 점차 늘고 있는 반면 초혼 비중은 상대적으로 줄었다. 초혼은 남자 59,772건, 여자 66,666건으로 전년에 비해 약 3,101건, 3,111건 늘었다. 전체 혼인건수 중 신랑과 신부가 모두 재혼인 경우는 14.7%로 사상최고치를 기록했다. 지난 1995년에 비하면 무려 두 배 이상 늘어난 수치이다.

거기에 재혼 남성과 초혼 여성의 결혼, 초혼 남성과 재혼 여성의 결혼까지 합하면 25%를 넘어간다. 결혼하는 커플 4쌍 중 한 쌍은 남자나 여자 중 한쪽이 재혼이거나 두 사람 모두 재혼하는 커플인 것이다. 평균 재혼 연령은 남자 44.1세, 여자 39.6세로 역시 소폭 높아졌다.

이혼은 지난 2003년을 정점으로 감소 추세를 보였다. 이혼은 128,468건으로 2004년 대비 7.8% 감소했다. 지난 2000년 12만 건 이후 가장 적은 수치이지만, 하루 평균 352쌍이 이혼한 셈이니 결코 그 숫자가 적다고 볼 수는 없다.

이혼하는 연령을 분석해보면 남자는 40대 초반, 여자는 30대 후반이 가장 많았다. 이혼의 주 연령층이 2002년까지는 30대 후반이었지만 점점 초혼이 늦어지는 사회분위기가 그대로 이혼에도 반영되어서 40대 초반으로 높아진 것으로 보인다.

황혼이혼의 비중 역시 높아지고 있다. 전체 이혼의 18.7%가 20년 이상 함께 살았던 부부의 이혼이었으며, 이는 전년에 비해 0.4% 증가한 수치이다.

2005년 평균 이혼연령은 남자가 42.1세, 여자가 38.6세로 전년에 비해 각각 0.3세 많아졌고, 이혼부부의 평균동거기간은 11.4년으로 전년과 동일했다. 이혼사유는 성격차이가 절반 가까운 49.2%로 가장 높았으며, 경제문제와 가족간의 불화, 배우자 부정이 그 뒤를 이었다.

위의 통계에서 알 수 있다시피 이혼 사유도 많이 변해서, 수년 전까지만 해도 고부갈등 등 부부 외의 문제가 가장 컸으나, 최근 들어서는 부부관계 자체가 이혼의 주된 요인으로 자리 잡고 있다. 결혼생활과 이혼에 있어서도 가족 중심에서 부부 중심으로, 개인주의적 사고방식으로 바뀌고 있다는 것을 알 수 있다.

한편 '아내의 부정'으로 인한 이혼도 크게 늘어나고 있다.

남자의 부정행위보다 여자 쪽의 부정행위에 더욱 엄격한 사회관습을 감안하더라도, 여성의 외도로 인한 이혼의 증가는 가정보다는 개인적인 행복을 중시하는 방향으로 변모해가는 여성들의 의식변화를 읽어볼 수 있는 바로미터이다.

또 하나의 변화는 이혼 부부의 자녀양육문제에 대한 태도이다. 이혼하는 부부들은 이제 자녀의 양육권을 갖기 위해 최선을 다하는 모습을 보이지 않는다.

과거 이혼하는 부부의 최대 관심사였던 자녀양육문제보다 재산분할문제가 더 높은 관심사로 등장하고 있는 것이다. 재판상 이혼 소송 중인 사람들의 내용을 들여다보면 대부분 '이혼 및 재산분할 청구소송'으로 법정에 서고 있다.

이렇게 이혼의 양상이 전반적으로 달라지는 가장 큰 원인은 여성의 변화일 것이다. 경제적으로 자립할 수 있는 여성들이 많아졌고, 폭력이나 외도로 인한 육체적, 정신적 고통을 참고 사느니 차라리 헤어지고 새로운 인생을 살겠다는 여성이 증가한 것이다.

이혼에 대해 점차 너그러워져가고 있는 사회 분위기, 남이 '나와 다름'을 용인하는 열린 의식의 증가, 한 부모 가족이나 독신가족, 미혼가족, 복합 가족 등 다양한 가족형태의 등장과 이에 대한 이해 , 배우자 외의 다른 사람을 만나는 경로가 다양해진 사회 풍조 등에서도 원인을 찾아볼 수 있다.

3_아이 때문에 참고 살아요

내 아이도 나처럼 살게 할 것인가?

부부간의 불화와 폭력으로 얼룩진 가정보다는 화목한 '한 부모 가정'
에서 자란 아이가 성공한다.

1998년 7월 1일 '가정폭력범죄의 처벌 등에 관한 특례법' 과 '가정폭력
방지 및 피해자보호 등에 관한 법률' 이 시행되었다. 두 법률의 시행 이
후 가정폭력을 보는 사회의 관점이 많이 달라지고 있다. 개인적인 가정
사로만 치부했던 가정폭력을 국가가 개입해야 하는 중요한 사회문제로
인식하기 시작한 것이다.

그러나 가정폭력 문제는 여전히 매우 심각한 상태에 있으며, 최근에는
그 양상이 더욱 심각해지고 있다.

한국 여성의 전화 연합회의 통계에 의하면 남편 10명 중 3명이 아내에
게 적어도 1년에 1회 이상 폭력을 휘두른다고 한다. 폭력의 강도는 상대
에게 물건을 집어던지거나 밀치거나 뺨을 때리는 등 비교적 가벼운 정도

에서부터, 발이나 주먹·물건을 사용해 구타하거나 흉기로 위협하거나 상해를 입히는 정도의 심한 폭력까지 다양하다. 그런데도 신고를 받은 경찰에서 적절치 못한 대응을 하는 경우가 간혹 있다.

더 심각한 문제는 이러한 폭력이 배우자뿐 아니라 자녀들에게도 행사된다는 점이다. 아동학대 예방센터에 의하면 2005년도에 신고된 4,633건의 아동학대 중 3,389건이 가정 내에서 일어난 학대라고 한다. 가해자로는 친아버지가 2,254건으로 가장 많았고 친어머니가 그 다음으로 1,098건이었다.

아동에게 가해진 폭력은 신체적 학대를 비롯해 정서적 학대, 성 학대, 방임 및 유기 등 다양하다. 이러한 가정 내 폭력은 알코올 중독이나 사회적인 소외 계층에만 발생하는 문제가 아니라 사회적인 명성과 부를 갖춘 가정에서도 다양한 형태로 존재한다.

여자아이의 경우는 폭행으로 시작해 성폭행으로 진전하는 경우가 적지 않다는 점에 유의할 필요가 있으며, 최근 심각하게 나타나는 아동학대의 양상은 '방임' 이다. 방임이란 고의적·반복적으로 아동을 위험한 상태에 방치하거나 유기하는 것을 말한다.

학대를 경험한 아동들은 다양한 유형의 정신적인 문제를 겪게 된다. 자신감 결여, 우울증, 불안증 등으로 지나치게 소극적이 되거나 공격적이고 감정조절을 못하는 파괴적인 모습이 나타나게 된다.

현재 아동복지법으로는 가정폭력의 경우 단순한 형사 처벌이 가능하다. 그러나 친권이 무엇보다 우선시되는 우리나라의 경우 아이들은 결국 친권자인 부모의 보호 아래 다시 놓이게 되고, 처벌을 받은 가해부모는 보복 심리로 더욱 심하게 아이를 학대하는 경우가 많다.

　불행하게도 폭력은 대물림된다. 가해 부모의 70% 이상이 과거 아동학대를 당한 경험이 있으며, 알코올 중독·우울증 등의 정신적인 질환을 가진 경우가 많다. 따라서 법적인 처벌보다 가해 부모의 치료가 더 우선되어야 한다.

　아동학대의 원인은 아동에게 있는 것이 아니라 가해부모에게 있으므로, 가해 부모들의 심리적인 치료가 성공적으로 이루어져야만 아동학대라는 악순환의 고리가 끊어질 수 있다.

　따라서 가해 부모들에게 일정기간 상담이나 치료·교육을 강제하는 사회복지 측면에서의 정책이 시급하다. 단순한 처벌만 강조하는 현행법은 오히려 형식상으로라도 존재하던 가정을 피해아동에게서 완전히 빼앗아버리는 결과를 가져온다. 보다 현실적인 방향으로의 아동복지법 개정이 요구된다.

　노숙자 쉼터에서 어린 두 딸과 살고 있는 안연희(36, 여, 가명) 씨의 경우를 살펴보자.

　97년에 결혼하여 단란하게 살던 안 씨 가정은 98년 남편이 운영하던 건축업체가 부도나면서 흔들리기 시작했다. 점차 가세가 기울자 희망과 제어력을 잃은 남편은 도박에 빠져들었다. 아내와 자녀들을 상대로 폭력까지 휘둘렀다.

　두 딸을 데리고 형제자매의 집을 전전하며 도망 다니던 안씨는 9개월간의 소송 끝에 2002년에 이혼할 수 있었다. 남편을 피해 다니느라 초등학생이었던 큰딸은 학교도 제대로 다니지 못했지만 그녀는 남편의 폭력에서 해방된 것에 만족하고 있다. 아버지만 보면 불안에 떨던 아이들도 쉼터에서의 힘든 생활 속에서 오히려 정신적인 안정을 찾았다.

한편, 부모와의 동거 형태나 아버지의 교육 정도, 경제적 생활 정도 같은 사회·경제적인 요인보다는 가정폭력이나 부모와의 관계 등 환경요인이 청소년의 비행에 영향을 미친다고 한다. 부모의 사회·경제적인 지위나 결손가족과 같은 가족구조보다는 부모와의 관계나 부모의 배우자 폭력 같은 가정 내의 분위기 때문에 비행 청소년이 되는 확률이 더 높다.

따라서 아이 때문에 무조건 참고 사는 것이 오히려 아이를 비행청소년으로 몰아가는 결과를 가져오기도 하는 것이다. 부부간의 불화·공포·폭력이 난무하는 가정보다는 화목한 한 부모 가정에서 자란 아이가 훨씬 더 올바르게 성장할 확률이 높은 것이다.

더 나아가 아이들을 위해서라도 반드시 헤어져야 하는 경우도 있다. 제어력을 잃은 친아버지나 양아버지의 아동폭력이 성폭력으로까지 발전하는 경우가 속속 밝혀지고 있다. 이혼과 재혼이 늘고 의부나 친모의 동거인이 자녀를 책임지는 사회구조로 바뀜에 따라 가정 내 성폭력이 시급한 문제로 떠오르고 있는 것이다.

예전 같으면 이런 일들이 있을 것이라는 상상조차 할 수 없었지만 최근 몇 년 사이에 신문지상에서는 심심찮게 올라오는 기사가 되고 만 것이다. 매체의 기사를 참조해 보자.

몇 달 동안 체중이 계속 불어나던 A 양(성폭행 당시 13세)은 학교 신체

검사 후 의사의 정밀 검진을 받으면서 '임신'이라는 충격적인 진단을 들었다. A 양의 어머니는 그때서야 자신의 동거남 B 씨가 6번에 걸쳐 자신의 딸을 성폭행했다는 것을 알아내고 후회와 배신감으로 말로는 도저히 표현하지 못할 고통을 겪었다. 학교는 물론, 가정에서도 몇 달이 지나도록 성폭행 사실을 전혀 눈치 채지 못하는 사이에 A 양이 당했을 고통은 상상을 초월했을 것이다.

C 양은 초등학교 6학년 무렵 친아버지로부터 성추행을 당하기 시작했다. 중학교 2학년 때는 수면제를 먹고 자살을 기도했다. 구사일생으로 살아난 C 양은 쉼터와 병원을 전전하다 다시 집에 돌아왔지만 또 다시 아버지로부터 성폭행을 당했다. C 양은 이 사실을 수차례 어머니에게 알렸지만 어머니는 그 사실을 믿지 않았다.

청소년위원회는 2000년 7월부터 2004년 12월까지 아동 · 청소년을 대상으로 한 성폭력 범죄 3,893건 중 약 10%인 390건이 친아버지(191건)나 양아버지(142건), 혹은 어머니의 동거인(57건)에 의해 저질러졌다고 밝혔다.

특히 이번 조사 결과, 자식의 피해 사실을 알게 된 어머니 중 3명 이상은 적극적으로 신고하지 않거나 아예 묵인하는 것으로 나타나 가정 내 성폭력 문제의 심각성이 드러났다. 어머니에게 최초 피해를 알린 아동 · 청소년은 53.1%에 달했으나 어머니 중 33.8%는 '가정 안에서의 조용한 해결'을 시도한 것으로 조사됐다.

성폭력 피해를 당한 아동 · 청소년이 학교를 의지하는 경우는 더욱 적어, 교사에게 상담을 받았다는 피해자는 4.1%에 불과했다. 특히 의붓아버지보다는 친부가 범행을 저질렀을 때, 어머니가 문제 해결에 더 소극적으로 나서는 경향이 있다.

이러한 가정 내 성폭력은 외부에 잘 알려지지 않아서 피해가 장기간 지속된다는 점, 그리고 자녀의 정신적 성장에 치명적인 해를 끼친다는 점에서 살인행위보다도 더 잔혹한 짓이다. 최후의 순간에도 자신을 지켜주어야 하는 가정에서 이런 일을 당한 자녀는 살아가는 동안 다시는 어느 남자든지 신뢰를 할 수 없을 것이다.

특히 내가 무언가를 잘못했다는 자책감은 우울증을 유발시키고 일상생활 전반에서 자신감을 상실한다. 우울증이 심할 경우 자살까지 시도하게 되고, 분노와 적대감이 파괴적이고 반항적인 행동으로 나타나는 경우가 있다.

분노의 대상은 우선적으로 가해자이지만 자신을 성폭력에서 보호하지 못한 어머니나 다른 가족들도 해당되며, 장기적 후유증으로 정상적인 성생활에 지장을 초래하거나 반대로 자포자기적인 성적 난잡함을 보일 수 있다.

4_ 배우자의 폭력 어떻게 할까요?

부부싸움을 하다가 감정이 격해져서 밀치는 정도는 참고 넘어갈 수 있다하더라도 물리적인 폭력이 상습적으로 가해지는 경우에는 확실히 이혼을 고려해 볼 만하다. 폭력으로 얼룩진 가정을 유지하는 것은 맞고 사는 본인에게도, 함께 폭력에 노출되거나 학대장면을 보게 되는 자녀에게도 도움이 되지 않는다.

상습적인 폭력의 경우 세월이 지나면서 상황이 더 좋아지는 경우는 드물다. 폭력의 강도는 세월이 지날수록, 폭력이 반복될수록, 오히려 더욱 높아지는 경향이 있다. 따라서 배우자가 첫 폭력을 행사했을 때 단호하게 대처하는 것이 무척 중요하다. 첫 폭력 행사시에 '다시 한 번 폭력을 휘두르면 함께 살 수 없다.'는 사실을 확실하게 각인시켜야 한다.

매 맞으며 참고 사는 아내의 상당수가 '술만 안 마시면 정말로 괜찮은 사람이다.' 혹은 '때리는 것만 빼놓고는 나에게 정말 잘해준다.' 라고 말한다. 그러나 폭력을 행사하는 사람들 중의 상당수가 잘못했다, 다시는 안 그러겠다고 빌며 잘해주고, 다시 폭력을 행사하는 행동을 반복한다. '참으면 나아지겠지.' 하는 안일한 생각은 폭력을 키우게 된다. 한 번 참고 두 번 참으면 평생 맞으며 살게 되는 것이다.

폭력이 상습적으로 행사되기 시작하면 폭력을 이유로 이혼하는 것은 더 어려워진다. 가해 배우자가 동의를 해주지 않기 때문이다. 상습폭력으로 이혼한 부부의 경우 이혼소송 중에도 힘든 일들을 겪는 경우가 많고, 남편에 대한 두려움 때문에 폭력을 오히려 숨기는 경우도 있다.

도저히 못 참겠어서 이혼을 하려고 해도 폭력 배우자가 동의는 커녕 또 폭력을 휘두르는 경우가 많다. 폭력 때문에 헤어지려고 해도 또 다른 폭력이 이를 가로막고 있는 셈이다.

얼마 전에 발생했던 다음 사건을 보면 그 심각성을 알 수 있다.

문제의 부부는 협의 이혼을 하고 마지막 서류를 정리하러 가던 중이었다. 남편이 아내와 헤어지지 말자고 하자 폭력에 시달리던 아내는 거절하며 도망을 했다. 남편은 도망가는 아내에게 길거리에서 폭력을 행사했고, 아내는 행인의 도움으로 병원으로 옮겨져 간신히 목숨은 건졌지만 머리에 큰 부상을 입고 수술을 받았다.

가정폭력을 또 다른 관점에서 볼 수도 있다. 쥐도 막다른 골목에서는 고양이를 문다. 폭력을 당하던 사람이 해결책을 찾지 못할 때는 또 다른 사회범죄를 낳을 수도 있는 것이다.

법무부가 공개한 '여성범죄자의 특성, 범죄 이유 그리고 재활가능성'이라는 연구용역보고서(책임연구원 김영희 충북대 교수)에 따르면 남편이나 애인을 살해한 여성의 82.9%가 학대를 받아왔다고 한다.

　심한 학대를 견디다 못한 가족 모두가 어머니의 범죄에 가담한 경우도 있다.

　폭력 문제는 이렇게 심각하다. 적어도 폭력에 관한 한 시급을 다투어 이혼을 부추길 일이다. 이혼 상담을 하는 여성 세 명 중 한 명은 남편의 폭력 등 부당한 대우가 이유라고 한다. 안타까운 일이 아닐 수 없는데, 어떠한 경우에도 상대방의 인격과 육체를 결코 자신의 소유물이라고 여겨서는 안된다.

　물론, 부부가 함께 행복하게 사는 것보다 바람직한 것은 없겠지만 가정 폭력 등으로 이혼까지 갈 수밖에 없는 경우도 많다. 이런 와중에 적어도 그 고통의 끝자락에서 다시 한 번 상처받는 일은 없어야 할 것이다.

　그러나 폭력을 가하는 상대가 전적으로 남성들인 것만은 아니다. 이혼 문제에 있어서 그동안 여자는 피해자고 남자는 가해자로 인식되어 왔지만, 지금은 남자들이 하소연할 데가 없어 끙끙대고 있다고 한다.

　남성들의 고충을 상담하는 '아버지의 전화' 정송 대표는 요즘은 남자들이 이혼에 대해 두려움을 갖고 있다며 다음과 같이 이야기한다.

　"요즘 여성들은 조금만 불이익을 당하면 '왜 살아?'라고 말합니다. 요즘 남편들, 강한 척했다가는 아내에게 맞아요. 물리적인 폭력만 폭력이 아닙니다. 여자들의 정서적 폭력을 남자들이 두려워합니다. 여자들이 인상 쓰면서 '웃기지 말라'는 등 언어폭력을 쓰거나 싸늘한 표정으로 노려보는 눈동자 폭력이 물리적 폭력 이상으로 무서운 겁니다. 남자들이

설 자리가 없어요. 그래서 늦게 들어가려고 술집에서 술 마시고 들어가
자마자 쓰러져 자는 거지요. 여자들도 할 말이 많겠지만 남자들도 억울
합니다. 뼈 빠지게 돈 벌어다 주고 싫은 소리 듣는다며 많이 괴로워하
죠."

5_배우자의 외도, 그 원인과 해결책

배우자의 외도만큼 다양한 형태로 등장하여 결혼생활을 위협하는 문제도 드물 것이다. 실제로 배우자가 외도를 하지 않아도 '의심과 상상' 만으로 고통을 주기도 하고, 어느 날 갑자기 '사랑하는 사람이 생겼으니 이혼해 달라.' 는 충격적인 고백을 듣게 하기도 한다.

배우자가 외도를 하건 하지 않건 많은 사람들이 그 가능성을 상상하는 것만으로도 고통을 느낀다. 배우자의 외도를 알게 되었을 때의 정신적인 충격은 당해보지 않는 사람은 모른다고 한다. 서로 간에 쌓였던 모든 신뢰가 한꺼번에 무너지게 되며, 그 후유증은 몇 달 혹은 몇 년 동안 지속된다.

오랜 세월이 지난 후에도 그 충격과 배신감을 이겨내지 못하고 깨지는 커플도 심심치 않게 있다. 그러나 폭력의 경우와는 달리 배우자의 외도의 경우는 이혼으로 가지 않도록 상호간에 노력해보는 것이 더 바람직해 보인다.

외도의 원인

　진화론적 관점에서 볼 때 남성과 여성 모두에게는 자신의 후손을 널리 퍼트리려는 다부다처적인 성향이 내재되어 있으므로 '일부일처제'를 표방하는 결혼은 인간의 본성과 다소의 충돌을 피할 수 없다고 한다.
　예쁘고 멋진 이성에게 마음이 끌리는 것은 지극히 자연스런 감정인 것이다.
　그러나 사람이 존엄한 존재인 이유는 본성을 이성으로 제어할 수 있기 때문이다. 배우자 외의 이성에게 끌리는 마음을 다스리지 못하면 '외도' '불륜' '바람'이라는 단어 앞에 떳떳할 수 없는 사람이 된다.
　스스로를 제어하지 못하고 외도의 길로 접어드는 이유는 참으로 다양하지만 대표적인 원인을 몇 가지로 정리해 본다면 다음과 같다.

① 더 이상 젊지 않다는 중년의 위기감
가족의 생계를 책임지거나 성공과 출세를 위해 열심히 일하던 남성이 어느 날 더 이상 젊지 않은 자신을 발견할 때, 그는 다른 상대자, 특히 젊은 여성을 찾게 된다. 허전함을 채워줄 누군가가 필요하기도 하고, 가는 세월을 붙잡고 싶은 절박함이 느껴지기도 할 뿐만 아니라 남은 열정을 불태우고 싶은 충동이 생기는 것이다.
자라나는 아이들 뒷바라지하며 내 집 마련, 시부모 봉양 등으로 바쁘게 살다가 어느 날 문득 성공한 남편, 엄마의 손길을 거부하는 다 자란 아이들 틈새에서 '잃어버린 나 자신'을 찾고 싶어 하는 중년의 여성도 마찬가지이다. 외롭고 허전한 마음이 느껴지면서 자신을 알아주고 자신에게 관심을 가져주고 자신을 위로해주는 대화 상대자를 원하게 되는 것이다.

② 단순하고 돌발적인 성적 충동

어울려 함께 놀고 술 마시던 분위기가 자연스럽게 외도로 이어지는 경우로, 실질적으로 가장 빈번하게 발생하는 형태이다. 노래방이나 나이트클럽, 호프집에서 함께 어울리다가 단순하게 성적 충동을 느껴 모텔까지 갔다는 식이다. 이런 경우는 상대가 유흥업소 종사자일 가능성이 높고 지속적인 관계로 이어질 가능성이 낮으며, 가정을 깰 생각은 더더욱 없다. 배우자를 사랑하는 마음이 변한 것도 아니다.

이런 경우는 잘 대처하면 재발 가능성도 낮다. 실제로 이런 일이 자신에게 닥쳤을 때는 한번쯤 눈감아 줄 것을 권하고 싶다. 물론 용서하기는 힘들겠지만 단 한 번의 실수 때문에 두 사람이 헤어진다면 더 큰 실수를 하는 셈이다.

③ 상대방에 대한 성적 불만족의 표출과 해소

수년 동안 지속해 온 배우자와의 성생활에서 열정적이고 자극적인 만족을 얻기는 힘들다. 각자의 일에 몰두해서 서로에게 무관심하다 보면 섹스 자체가 시들해져서 상대가 원하더라도 섹스를 거부하는 배우자들까지도 심심찮게 생긴다.

특히 아내가 임신과 출산, 육아로 힘들 경우 부부관계를 귀찮은 의무쯤으로 생각하고 피하는 경향이 있다. 거부당하는 일방은 당연히 성적 불만이 쌓이게 되고 배우자에 대한 일종의 보복 심리까지 생기게 되어 다분히 의도적으로 바람을 피우게 된다.

④ 일탈에 대한 욕구

단조로운 생활을 하다보면 누구나 변화를 꿈꾸고 일상에서의 탈출을 모색하게 된다. 무언가 색다른 자극을 찾다가 배우자 외의 상대에게서 신선한 자극과 함께 사랑을 느끼는 경우이다.

⑤ 답답한 현실에서의 도피

어려운 상황에 처한 배우자도 외도의 유혹에 빠져들기 쉽다. 실직이나 부도, 건강에 위협을 느꼈거나 경제적인 어려움에 빠졌거나 가족의 죽음 등 답답한 현실을 잊기 위해 도피처를 찾게 되는 것이다.

⑥ 타고난 바람둥이 기질

불행하게도 끊임없이 다른 상대를 찾아 헤매는 사람들이 현실에는 존재한다. 오는 여자 막지 않고 가는 여자 잡지 않는다는 식이다.

이런 성격의 사람들은 배우자에게 외도 현장을 들켜 한바탕 난리가 나도 곧 다른 상대와 똑같은 일을 벌인다.

외도의 현황

작년에 한국 성의학연구소가 조사한 결과에 따르면 기혼남성 2천4백 명 중 88.5%가 배우자 외의 여성과 섹스를 하고 싶은 욕망을 가지고 있으며, 72.8%가 실제로 배우자 이외의 여성과 섹스를 했다고 한다.

응답한 기혼여성의 15%가 혼외정사 경험이 있다고 대답했고, '남편 이외의 남자와 섹스를 해보고 싶은 마음이 있느냐?' 는 질문에는 '있다.' 라는 대답이 무려 82%였다고 한다.

한편 남편의 외도 문제로 상담을 요청한 주부들에게 외도 상대를 조사했더니 유흥업소 여성보다 기혼여성이 더 많은 것으로 집계됐다. 유흥업소 여성과의 외도가 줄어드는 대신 유부녀와의 외도가 늘고 있다는 것을 알 수 있는데, 이는 기혼여성의 외도가 증가추세인 현실과 일치한다.

외도 경험이 있는 남성들을 대상으로 조사해 본 결과 유흥업소 여성보다는 알고 있는 주변의 여성들이 외도의 대상이 되는 경우가 더 많았으며, 외도 남성들의 연령대를 분석한 결과 30대 중후반부터 40대 중반까지가 바람을 피울 가능성이 높은 것으로 나타났다.

배우자의 외도로 인한 갈등은 인터넷과 휴대전화의 보급으로 점점 더 증가하고 있다. 이제 '외도'는 남성의 전유물도 아니다.

남편이 불륜을 저지르면 아내들은 용납하지 않으려는데 반해, 아내가 외도로 인해 가출해버리면 아내가 돌아오기를 기다리는 남자들이 의외로 많다. 주부가 없으면 가성이 제대로 돌아가지 않기 때문이다. 그러나 아내가 돌아와 같이 살게 되면 외도 사실을 용서하지 못해 속으로 괴로워하는 경우가 대부분이다.

'한국 남성의 전화'에는 아내로부터 이혼 요구를 당하고 이혼하지 않을 방법을 찾는 남성들, 아내가 외도를 해도 참고 가정을 지키려는 남자들의 전화가 많다고 한다. 전통적인 가치관에서 생각하면 외도한 아내를 용서하고 받아들이기 어려울 것 같지만, 이혼에 대한 대비가 전혀 되어있지 않은 남성들은 현실적인 여러 가지 문제 때문에 이혼하는 것보다는 돌아온 아내의 부정을 참고 사는 쪽을 더 선호하는 것이다.

아내들의 늦은 귀가 때문에 갈등을 일으키는 가정도 많다. 남편들은 아내가 회식을 하거나 친구들을 만나더라도 일찍 귀가하기를 바란다. '당신은 믿지만 험난하고 유혹이 많은 세상을 믿지 못하겠다.'는 남편의 입장과 '자주 있는 일도 아닌데 2차 좀 가면 어때.'라는 아내의 입장이 대립을 보이게 되는 것이다.

언뜻 보면 별 일 아닌 것으로 보이지만, 이 문제로 심각한 갈등을 하는 부부들이 의외로 많다. 일찍 귀가해야 하는가, 아닌가는 여자들에게 있어서는 '자유' 의 문제인 것이다. 따라서 아내와의 타협을 위해서는 남자들도 변화를 받아들여야 한다.

아내에게 무조건 일찍 귀가하라고 하지 말고 일주일에 몇 회 정도는 늦어도 좋다, 라는 식으로 횟수에 관해 타협을 하는 편이 현명하다. 21세기의 아내에게 20세기 방식만을 고집했다가는 어느 날 갑자기 이혼요구를 받을 수 있는 것이다.

명심하라. 시대와 여자들은 이미 변했다.

바람피우는 배우자들에게 나타나는 공통점

| 남편의 경우 |

① 귀가 시간이 불규칙해진다

비슷한 시각에 귀가하던 남편이 늦는 일이 많아지고 이런저런 핑계로 외박이 잦아진다면 바람을 피우고 있을 가능성이 높다.

시간활용이 자유롭지 않은 사람의 경우 퇴근 후의 시간에 만날 수밖에 없기 때문이다.

② 갑자기 옷차림에 관심을 쏟는다

외모에 무관심하고 목욕은커녕 속옷도 잘 안 갈아입던 사람이 언제부터인가 단정한 머리, 깔끔한 차림으로 변하고 거울 앞에서 자주 시간을 보낸다면 한 번쯤 의심해 보아야 한다.

③ 차에 신경을 쓴다

세차를 했는지, 내부가 깨끗한지 무심하던 남편이 아침마다 차를 닦고 방향제를 구입하고 분위기 좋은 CD를 구하는 등의 행동을 보인다면 여자가 생겼을 가능성이 높다.

사람들이 많은 곳에서 데이트를 즐기기 어려울 테니 아무래도 차를 타고 이동해야 하기 때문이다.

④ 이유 없이 잘해 준다

아내에게 무관심하던 사람이 선물을 사들고 들어온다거나 옷이라도 사 입으라며 돈을 내밀거나 한다면 주의를 기울여볼 필요가 있다.

바람을 피우는 사람은 일반적으로 상대방에게 미안해지기 마련이다.

⑤ 섹스 횟수가 줄어든다

⑥ 바람이나 외도에 관한 이야기가 나오면 화제를 피하거나 눈을 돌린다

⑦ 특별한 용도 없이 지출이 늘어나거나 경조사비 등의 명목으로 자주 돈을 요구한다

⑧ 전화 연결이 안 되는 경우가 많아진다

갑자기 핸드폰에 비밀번호를 설정하는가 하면 핸드폰에 신경을 많이 쓰고, 회사에 전화하면 외출했다고 한다.

핸드폰으로 전화하면 받지 않거나 핸드폰이 꺼져있으면 주의해서 살펴볼 필요가 있다.

| 아내의 경우 |

① 사소한 일이나 작은 접촉에도 깜짝깜짝 놀란다

② 불러도 알아듣지 못하는 일이 잦다

별다른 걱정거리도 없는데 무슨 고민이라도 있는 듯 골똘히 생각에 잠겨있거나 자주 정신을 딴 데 팔고, 말을 해도 건성으로 듣는다면, 아내의 생각이 어디로 향해있는지 알아볼 필요가 있다.

③ 돈 씀씀이가 커진다

화장품이나 옷에 평소보다 관심을 많이 갖고 특히 화려한 속옷을 사들이며 거울 앞에서 많은 시간을 보내고 돈 씀씀이가 헤퍼진다면 그 원인을 알아볼 필요가 있다.

④ 몰래 받는 전화가 늘어난다

낮에 전화를 해보면 집에 없거나, 핸드폰이 꺼져 있다. 저녁에도 핸드폰이 걸려오면 다른 곳으로 가서 받고, 누구냐고 물으면 당황해서 얼버무리는 일이 잦아진다면 아내의 행적을 파악해 볼 필요가 있다.

⑤ 약속이 잦고 술을 마시고 들어오는 일이 많아진다

집에만 있던 아내가 유난히 모임을 챙기고 나갈 때마다 늦게 귀가한다면 한번쯤 아내를 주의 깊게 볼 필요가 있다.

외도로부터 가정을 지키기 위해서는 어떻게 할 것인가?

'내가 하면 로맨스, 남이 하면 불륜.' 이라는 생각은 바람을 피우는 당사자 대다수가 가지고 있는 사고방식이다. 자신의 행동에 대해서는 얼마든지 합리화시킬 수 있는 것이다. 특히 사랑 없이도 얼마든지 섹스가 가능하다고 생각하는 남성들의 외도충동은 여자들에 비해 높고, 설사 배우자에게 알려졌다고 해도 처음에만 잘못했다는 시늉을 할 뿐 곧 큰소리를 치는 경우가 많다.

외도의 양상도 매우 다양하다. 단순한 재미를 추구하는 일회성 외도가 있는가 하면, 정말로 사랑에 빠져 가정을 희생해서라도 그, 혹은 그녀를 얻고자 하는 순정파도 있다. 어느 쪽이든 다른 배우자를 고통스럽게 하기는 마찬가지지만, 외도상대자를 뒤늦게 만난 참사랑이라고 생각하는 후자의 경우에는 아예 짐을 싸고 나가버리는 경우도 종종 발생한다. 그리고 원하는 대로 다 해줄 테니 헤어져 달라고 사정하는 것이다.

상대방에 대한 정조의 의무가 있는 결혼제도 안에서의 외도는 분명히 도덕적으로 지탄받을 일이다. 그러나 외도를 비난하는 것만으로는 이미 일어난 사건에 대한 아무런 해결책이 되지 못한다.

그렇다면 자, 실제로 나의 배우자가 바람을 피웠다면 어떻게 행동할 것인가. 당장 가슴 속에서 시키는 대로 이혼도장을 찍을 것인가?

대답은 단호하게 NO! 이다.

배신감 때문에 얼굴만 봐도 화가 나고 옆에 함께 있기가 싫을 만큼 미움이 샘솟겠지만 당장 이혼서류에 도장을 찍었다가는 십중팔구 나중에 후회를 하게 된다.

앞뒤 분간 없이 홧김에 하는 이혼은 후회로 이어지기 쉽다. 우선 참아라. 객관적이고 장기적인 관점에서, 이혼 후에 다가올 일에 대해서 생각을 거듭해 보아야 한다.

만일 이혼까지 갈 마음이 아니라면 한번쯤 모르는 척 넘어가는 것이 오만 정이 다 떨어져버릴 만큼 싸우는 것보다는 현명한 방법일 수 있다. 하룻밤 실수였다면 모르는 척 넘어가준 아내가 고마워서라도 다시는 반복하지 않을 것이고, 사랑에 푹 빠진 상태라면 어떤 충격이나 충고도 귀에 들어오지 않는다. 사랑은 어차피 시효가 있는 게임이다.

시간을 두고 기다리면 바가지를 따로 긁지 않아도 그 사랑에서 서서히 빠져나오게 된다. 나와의 열정적인 사랑이 오래가지 않았듯이, 특별한 경우가 아니라면 그 여자와의 사랑도 결코 오래가지 않는다. 성급하게 이혼을 결정할 필요가 없다. 지켜보다가 이혼해도 늦지 않다.

배우자 외도의 경우 명심해야 할 것은, 눈 감아주고 넘어가겠다고 결심했을 경우에는 태도를 확실히 해야 한다는 것이다. 쥐도 도망갈 길을 열어주면서 쫓아야 한다. 다음 사례를 읽고 잘 생각해 보기 바란다.

"저는 바람을 피우다가 아내에게 걸렸는데 아내가 한 번만 용서를 해주겠다, 다시는 이 이야기를 꺼내지 않겠다, 라고 해서 진짜 속죄하며 열심히 살고 있습니다. 하지만 죽을 맛입니다. 이럴 거였으면 차라리 용서를 하지 말든지…….

입으로는 용서했다, 다시 이야기 안 한다, 해놓고 작은 일에도 엄청 짜증나게 합니다. 자신이 잘못한 일이 있어도 넌 바람 피운 죄인이니 조용히 있어, 이런 식입니다.

지금 생각하면 참으로 어리석었다는 생각입니다. 그냥 차라리 그때 법적으로 처벌을 받거나 주위 가족들 다 알게 되고 이혼을 했더라면 더 좋았을 거라는 생각이 자꾸 듭니다.

압니다, 아내는 얼마나 가슴이 쓰라린지. 아내의 쓰라린 가슴은 제가 어떻게 해도 메울 수 없다는 거 압니다. 그러나 한 입으로 두 말 하고 한 번 실수는 용서하겠다면서 행동은 정반대어서 수백 번도 더 말하는 것 이제는 못 보겠습니다.

제가 그랬습니다. 그만 우려먹어라. 3년을 그랬으면 지치지도 않니? 그랬더니 아내는 또 다시는 안 그런다, 이미 용서했다고 말합니다. 솔직히 지금 같으면 아내와 갈라서고 싶습니다. 상습적으로 계속 외도하는 사람은 용서하면 안 되지만 한 번의 실수를 뉘우치고 있는데도 용서 못하고 계속 비난한다면 아내도 나쁜 사람이라고 생각합니다."

현명한 부부라면 상대방의 마음을 읽을 수 있을 것이다. 서로 간에 마음을 연 솔직한 대화도 필요하고 자유롭고 자극적인 성생활을 하려는 시도도 필요하다.

서로에 대한 관심을 끊임없이 유지하는 것, 늘 새로운 모습으로 다가가려고 자신을 가꾸는 것, 이것이야말로 배우자의 사랑을 내게 붙들어놓는 최선의 방책이다.

간통죄

하지만 눈 감아줄 한 번의 실수가 아닌 경우에는 이야기가 틀려진다. 상황에 따라 간통죄라는 법적 수단을 사용해야 할 경우도 있다. 사람들은 보통 배우자가 바람을 피운 것을 확실히 알 수 있으면 간통죄가 성립이 될 것이라고 생각하지만 그렇게 단순명료한 것이 아니다.

간통죄란 배우자 있는 자가 간통하거나 배우자 있는 자와 상간함으로써 성립하는 범죄이다. 배우자는 법률상 배우자를 의미하고, 같이 간통을 저지른 상대는 배우자가 있을 것을 필요로 하지는 않는다. 간통이란 자기의 배우자 이외의 자와 성교하는 것을 말하는 것이다.

간통죄는 남자의 성기가 여자의 성기에 삽입됨으로써 범죄가 완성된다. 남자가 사정까지 해야만 성립하는 것은 아니며, 한 번의 성행위마다

한 개의 죄가 성립한다.

간통죄는 친고죄이므로 배우자의 고소가 있어야 한다. 단, 배우자가 간통을 종용했을 경우에는 고소할 수 없다. '배우자 이외의 사람도 고소할 수 있는가'에 대해서 판례는 '간통죄와 그 형사처리절차에 있어서 피해자(고소인)인 배우자가 사망한 경우에 생존 중 피해자의 명시한 의사에 반하지 않는 한 그의 형제자매도 적법한 고소권자가 될 수 있다'고 판단하고 있다. 간통 사건에 대해서 죽기 전에 배우자가 고소하지 말라고 분명히 밝혀 말한 경우가 아니면 형제자매도 간통죄로 고소할 수 있다는 것이다.

간통죄의 고소는 이혼하였거나 이혼소송을 제기해야만 할 수 있다. 사법경찰관 또는 검사에게 서면 또는 구술로써 고소하므로 관할경찰서나 검찰청에 고소장을 제출하면 된다.

명심해야 할 것은 간통죄는 피해자가 고소해야 벌을 받는 친고죄이므로, 범인을 알게 된 날로부터 6개월 이내에 고소해야 한다는 사실이다. 간통죄의 경우 수사단계에서 간통자와 상간자 모두를 일단 구속하여 수사하고 고소가 취소되면 석방하는 것이 관행이었으나, 현재는 간통죄의 경우에는 수사기관에서 불구속수사를 원칙으로 하고 있다.

그러나 불구속수사를 받더라도 1심선고 전까지 합의가 되지 않아 고소가 취소되지 않을 경우에는 실형을 선고받고 법정구속이 되는 경우가 많다.

현실적으로 고소인이 가장 어려움을 느끼는 부분은 간통자와 상간자相姦者가 간통했다는 사실을 입증하는 문제이다. 간통죄는 두 사람만의 은밀한 공간에서 이루어지기 때문에 이를 입증하기가 어렵다.

일단 간통한 사실이 입증되고 고소의 취하가 없으면 간통자와 상간자는 2년 이하의 징역에 처한다. 상간자가 자신의 상대가 배우자가 없는 사람이라고 잘못 알고 있었을 경우에는 간통죄로 처벌할 수 없다.

간통죄를 벌금형으로 하자는 형법개정 논의도 있었으나 여성단체의 반발로 무산되었으며 현재 간통죄는 징역형만 규정하고 있다.

6_참는 게 현명할까, 헤어지는 게 현명할까?

홧김에 하는 이혼은 대부분 실패한다.

결혼보다 이혼은 더 신중해야 한다

자라온 환경, 생각, 성격 등이 서로 다른 남녀가 부부라는 인연으로 살아가다 보면 이혼하고 싶은 마음이 드는 때가 한두 번이 아니다.

하지만 이혼은 결혼보다 훨씬 더 신중해야 한다. 부부가 어느 정도 같이 생활을 한 이후에는 친인척 관계, 자녀 관계, 재산권 관계 등 많은 관계가 이미 형성되어있기 때문이다.

이혼은 두 사람이 그냥 갈라서면 되는 것이 아니라 두 사람 사이에 이미 형성된 이 모든 문제들을 원만히 풀어나가야 한다는 숙제를 제공하는 것이다. 결혼을 하는 것도 힘들지만 원만한 결혼생활을 유지하는 것은 더 힘들다. 하지만 이혼하는 것은 혼인을 유지하는 것보다 더욱 힘들고, 이혼하고 혼자 애를 키우며 사는 것은 더더욱 힘들다.

앞에서 '결혼은 해도 후회하고 안 해도 후회한다.' 고 했는데 이혼 역시 그 점에 있어서는 마찬가지이다. 이혼만 하면 모든 게 다 해결될 것 같은 상태에서 감행한 이혼도 후회를 낳기 마련이다.

참는 것이 현명할 것인가, 헤어지는 것이 현명할 것인가를 몇 번이고 따져보고 마음속으로 확신이 선 상태에서 이혼을 해야 그나마 후회를 줄일 수 있다.

젊고 잘 생기고 건강하고 좋은 회사에서 능력을 인정받아 성공가도를 달리고 있는 A 씨의 경우, 3년 전의 이혼으로 아직도 후회의 날들을 보내고 있다. 지극히 가부장적인 가정에서 자라난 그는 결혼 당시 맞벌이 부부였다. 아내를 대신하여 집안일을 배분한다는 생각도, 아이를 같이 보살펴야 한다는 생각도 하지 못한 그는 오로지 열심히 자기 직장 일에 묻혀서 살았고 딸이 자라서 재롱을 피워도 딸을 귀여워해줄 줄도 몰랐다. 아내가 상담을 받아보자고 할 때도 무관심으로 일관했던 그는 이혼을 하고 나서야 아내와 딸을 깊이 사랑하는 자신을 발견하게 되었다.

그는 아내를 향해서 다시 기회를 달라고 호소하고 있지만, 아내는 결혼기간 중에 보여준 차디차고 돌처럼 무딘 남편의 태도에 질린 나머지 만나고 싶어 하지도 않는다.

모든 일에는 타이밍이라는 것이 있는 것이다.

이혼녀 이혼남에 대한 편견

우리나라의 부부는 다른 나라의 부부보다 대화가 부족할뿐더러 대화

내용에 있어서도 확연히 다른 모습을 보인다. 남성의 39.3%, 여성의 44.7%가 부부가 마주앉아 이야기를 할 때에도 친구나 이웃 등 주로 타인의 이야기를 한다고 응답했다. 미국은 남성의 0.7%, 여성의 1.3%만이 타인을 주제로 대화를 나눈다고 응답했다.

반면 한국 여성 중 '우리 부부생활을 주제로 일상적인 대화를 나눈 적이 있다'고 대답한 사람은 한명도 없었다. 그러나 프랑스의 경우 남성의 23.3%, 여성의 18.0%가 부부생활을 주제로 대화를 하고 있었다.

이런 요인이 작용해 한국·일본·프랑스·미국 중 한국의 부부생활 만족도가 가장 낮았다. 부부간에 애정을 잘 표현하지 않는 한국의 문화적 특성 때문에 나온 결과로 보이며, 이는 고쳐나가야 할 점이다. 적당한 애정표현은 식어가던 사랑도 되돌리는 묘약인 것이다. 서로 관심을 갖고 대화를 많이 나누는 것이 부부생활 만족도를 높이는 가장 근본적 해결책이다.

부부간의 잠자리 만족도 역시 한국이 꼴찌였고, 그 문제의 해결을 위해 배우자와 대화를 나누는 면에 있어서도 역시 꼴찌였다. 다른 나라의 부부는 성에 관한 대화를 일상적으로 나누고 있는데 반해, 우리나라는 남성의 15.3%, 여성의 30.7%만 평소 배우자와 성에 관한 대화를 나눈다고 대답했다.

발기 부전 등 성기능에 이상이 생겼을 경우 미국과 프랑스 남성의 70%가 배우자와 먼저 상의를 하는데 반해 한국은 48.7%만이 배우자와 상의한다고 대답했다.

부부간의 대화와 의사소통이 이렇게 단절이 되어있으니 서로를 이해하기가 힘들 것은 당연하다. 따라서 상대를 알지 못하는 데서 오는 답답함과 자기를 알아주지 않는데서 오는 울분이 평상시에도 쌓이게 된다. 그러다가 참지 못하여 폭발하게 되면 부족한 대화의 기술 때문에 바로 감정싸움이 되고, 감정은 점점 증폭되어 수습이 되지 않는 지경까지 치닫게 되는 것이다. 하지만 이러한 감정싸움은 감정을 자제하고 객관적으로 상대와 자신을 바라보면 대화로 풀 수 있는 성질의 것인 경우가 많다.

아직도 우리나라에는 이혼녀에 대한 사회적 편견이 심하다. 이혼녀라는 것을 알고 나면 똑같은 행동을 해도 이혼녀임을 모르던 때와는 다르게 판단하는 경우가 적지 않다.

보험 세일즈를 하더라도 수더분한 아줌마가 실적이 좋으면 능력이고, 이혼녀가 실적이 좋으면 '보나마나 이혼녀임을 십분 활용해서 실적을 올렸을 것' 이라고 입을 삐죽거리는 식이다.

자신이 하는 모든 행동을 '이혼녀' 라는 색안경을 쓰고 판단하는 것은 웃어넘길 만큼 가벼운 일이 결코 아니다. 따라서 이혼 후에 뚜렷한 대안이 있거나 심한 폭력 같은 결격사유가 없으면, 미운 남편이라도 '하숙생' 이라고 생각하든지 '손님' 이라고 생각하든지 '없는 것보다 낫다' 고 생각하고 그냥 함께 사는 것이 낫다.

남성도 이혼남의 편견에서 예외가 아니다. 아내가 여러 가지 면에서 마음에 들지 않는다 할지라도, 주부로서의 역할에 충실하고 아이들에게 무리 없이 엄마로서의 역할을 수행하고 있다면 이혼이라는 극단적인 결론을 내리지 않는 것이 좋다.

나는 이혼에 만족하지만 이혼을 권하고 싶지는 않다?

많은 이혼 경험자들이 이혼 후의 자녀양육에 관해 많은 걱정을 하면서도 본인의 이혼사실에 대해서는 대체로 만족하는 것으로 나타났다. 재혼을 원하는 이혼 경험자들을 대상으로 '이혼경험자의 이혼에 대한 평가' 를 조사한 자료에 의하면, '이혼을 후회하지 않는다.' 고 대답한 응답자가 무려 78%였다고 한다.

특히 '이전의 결혼생활에 대해서 미련이 없다.' 는 항목에 응답한 비율을 살펴보면 무척 흥미로운 사실을 알 수 있다. 결혼 3년 이내에 이혼한 사람들 중에서는 11.8%, 결혼 4년에서 10년 사이에 이혼한 부부에서는 7.0%, 11년차 이상의 결혼생활을 영위했던 사람들 중에서는 3.6%가 각각 '이전 결혼생활에 미련이 없다.' 고 응답했다. 전 혼인기간이 짧을수록 이전 결혼생활에 미련이 없는 비율이 높은 것으로 미루어볼 때, 어차피 할 이혼이라면 빨리 할수록 좋다는 결론을 내릴 수 있는 것이다.

주목할 만한 것은 본인들의 이혼에는 후회하지 않는다고 대답한 사람들조차 다른 사람들의 이혼에 관해서는 회의적이었다는 사실이다.

'이혼은 도저히 방법이 없는 지 생각해보고 결심해야 한다.' 고 조언한 응답자가 전체의 82.9%나 되었다. 본인이 이혼했고 그 결과에 만족한다고 해서 주변에 이혼을 추천하고 싶어 하지는 않는 것이다. 이혼은 더 이상의 대안이 없을 때 최후의 수단으로 선택해야 하는 것이다.

이혼 후의 최대의 걸림돌은 역시 자녀문제였다. 다른 부부의 이혼을 말리는 사람들 가운데는 자녀가 있는 상태에서 이혼한 사람들이 많았다. 이혼을 후회하는 사람들도 이혼을 후회하는 가장 큰 이유로 '자녀

문제'를 꼽았다.

한편 이혼 후 이혼 후유증을 앓게 되는 시기를 보면 남자들은 이혼 후 3개월 내지 6개월 후, 여성들은 1년 정도 후에 이혼을 후회하는 경우가 많았다. 또 남성들이 여성보다 이혼을 후회하는 경우가 더 많았으며, 연령별로는 30대 후반에 가장 많이 후회하고 나이가 들면 오히려 만족도가 높았고, 학력수준이 높을수록 이혼에 더 만족하는 것으로 나타났다.

이혼을 고려하는 많은 사람들은 이혼을 하면 앓던 이가 빠진 것처럼 후련하고 그 동안의 불행이 끝날 것이라고 생각한다. 그러나 이혼 후에는 일반적으로 이혼 전보다 더 힘든 일들이 기다리고 있다. 특히 아이들이 있는 상태에서 이혼을 한 경우에는 더욱 그렇다. 이혼을 하면 현실적인 문제, 대인 관계 및 사회적인 문제, 가족간의 문제, 신체적 · 정신적 건강 문제 등이 발생하게 된다.

그 중 가장 먼저 피부에 와 닿는 것은 남녀 모두 가정관리, 경제관리, 시간관리, 주택관리 등 현실적인 문제이다.

혼인생활 중에 부부가 각자 맡은 역할을 중심으로 공동 관리하던 것들을 이혼과 동시에 혼자서 해결해야 하니 당연한 일이다. 가정관리나 주택관리 면에서는 여자들보다 남자들이 당황하기 마련이고, 경제관리 면에서는 이미 직장을 가지고 있던 남자보다 전업주부였던 여성의 경우에 큰 문제로 다가온다. 생활고 때문에 원치 않는 재혼을 하는 경우도 있다.

그런가 하면 이혼과 이혼자에 대한 부정적인 인식 때문에 그 동안 알고 지내왔던 상대방의 친구나 동료들을 잃게 되는 경우가 많다.

게다가 이혼은 자녀들에게도 악영향을 미칠 가능성이 높다. 이혼자들의 자녀들은 대개 부모의 이혼에 반항을 하게 되며 말을 듣지 않게 되고 심하면 비행청소년이 되기도 한다.

이혼은 당사자의 신체적 정신적 건강에도 많은 영향을 미친다. 불행하게도 이혼한 사람들은 행복한 결혼생활을 영위하는 사람보다 빨리 사망하는 경향이 있으며, 알코올 중독, 교통사고 및 기타 상해, 자살이나 타살로 인한 사망률도 더 높다. 그러나 이 문제는 역으로 생각할 수도 있다. 즉 신체적 · 정신적인 문제를 내재하고 있던 사람들이 결혼생활을 잘 이끌어가지 못해 이혼할 확률이 높을 것이라는 추측도 가능하다.

이혼은 단순히 두 사람이 헤어지는 것이 아니다. 이혼은 두 사람이 결혼함으로써 생긴 모든 관계에 영향을 준다. 이혼을 하게 되면 함께 살았던 사람들의 태도가 변하고, 상대방의 친척들과 친구들과의 관계가 불편해지며, 거주환경과 재산상황도 변한다.

잃어버리는 것들도 많다. 부부간의 관계, 함께 키워가던 꿈, 아무렇지도 않게 누려왔던 생활습성들 · 자녀 · 사업체 · 집 · 자동차 등도 잃게 되고, 친구들과의 관계도 예전 같지 않게 된다.

이런 일들을 겪다보면 이혼 당사자들은 고통스러울 뿐만 아니라 스스로 매력이 없어 보이고, 매사에 자신감을 상실하고, 자신의 내면적인 고통을 남에게 보이기 싫어서 스스로를 고립시킨다.

인간은 본래 사회적 인간이기 때문에 이혼으로 야기되는 충격, 변화에 대한 두려움, 잃은 것들에 대한 슬픔 때문에 별거나 이혼과정 중에는 평상시보다도 더 친구가 필요하다. 따라서 의도적으로라도 처지를 이해하는 사람들과 함께하며, 새로운 상황을 대처하는데 도움이 될 사람들과 자주 어울리는 것이 좋다.

　이혼은 갑자기 다리 하나를 잘라내는 것과 같아서 정신적·육체적 균형을 잃기 쉽다. 아마 누구나 가능한 한 빨리 이혼으로 인한 두려움과 상실감에서 벗어나고 싶을 것이다. 그러나 너무 빠른 행동으로 문제를 대처하는 것은 옳은 방법이 못되며, 서두르면 나중에 또 다른 상처를 입을 수도 있다.

　어차피 한 이혼이라면 이혼을 역으로 생각하자. 이혼으로 많은 것을 잃게 되었고 힘들지만, 새로운 삶을 위해서 다른 무엇인가를 선택할 수 있는 자유가 주어진 것이다.

이혼숙려제

　이혼숙려제란 성급한 이혼을 줄인다는 취지로 협의이혼 신청 시 이혼에 대해 다시 생각할 수 있도록 일주일간의 재고기간을 두는 제도이다.

　현재 서울가정법원에서 실시되고 있는 이혼숙려제도는 협의이혼 신청 시 법원이 상담을 권유하고, 상담을 받으면 일 주일의 숙려기간 없이 이전 방식대로 당일 또는 다음날 이혼을 허가하고 상담을 거부할 경우 일 주일 뒤 법원에 나와 이혼 확인을 받는 절차로 진행된다.

　단, 상담절차로 인해 회복할 수 없는 피해나 참을 수 없는 고통이 발생할 우려가 있는 경우는 예외다.

　발표에 따르면 이혼숙려제를 실시하기 전보다 약 2배의 부부들이 이혼소송을 취하했다고 한다. 2005년 11월 16일 이혼숙려기간을 갖게 하는

'이혼절차에 관한 특례법안' 이 국회에 제출되었으며, 이 특례 법안에 대한 법제화가 추진되면서 여성계의 찬반논쟁이 일어나고 있다. 무분별한 가족해체를 막을 수 있어 긍정적이라는 의견과 재판상 이혼은 판결확정까지 시간이 많이 걸리고 법원이 이 조사와 조정 역할을 하기 때문에 숙려기간 도입이 적절치 않다는 의견이 팽팽하다.

이혼숙려제의 도입이 득得이 될지 실失이 될지는 운영방식에 따라 결정될 것으로 보인다. 법 개정을 위해 제출된 위 법안의 내용을 보면, 하나는 의무적으로 3개월의 숙려기간을 가지고 유자녀 부부의 경우 외부의 유료상담을 반드시 거쳐야만 하는 것이고, 다른 하나는 가정법원이나 이혼 당사자 중 한 명의 신청에 따라 6개월의 숙려기간을 가지는 것이다.

개인적인 생각으로는 현재 추진 중인 개정안은 사생활에 대한 과도한 개입의 소지가 있어 보인다. 이미 이혼을 결심한 부부가 3개월 또는 6개월을 더 함께 살아야 한다는 것은 부부 모두에게 과도한 부담으로 작용할 가능성이 크다.

이혼 숙려기간이 길면 이혼할 부부에게 또 다른 상처를 줄 가능성도 있고 거주형태나 생활형태가 불분명한 상태로 함께 지내는 것이 부담스러울 수도 있다.

그렇다고 해서 제도의 취지가 나쁜 것은 절대 아니므로, 이혼이라는 힘든 결정을 내린 사람들에게 큰 부담이 되지 않는 기간과 재정적인 부담을 지우지 않는 방향으로 법제화가 이루어졌으면 한다.

7_준비하고 계획을 세워 이혼하라

이혼을 하게 될 경우 이혼 전과 이혼 후에 달라지는 점, 미리 준비해야 할 점 등 면밀한 계획을 세워야 이혼 후에 홀로 서게 되었을 때 당황하지 않는다.

이혼 후 당사자와 자녀들은 정신적 충격으로 인해 여러 가지 문제를 겪게 된다. 이혼 당사자들 앞에 놓일 몇 가지 문제를 살펴보기로 하자.

역할상의 문제

일반적인 부부는 상호보완적인 역할에 익숙해 있다.

남편은 직업을 가지고 경제적인 역할을 하면서 형광등을 갈고 컴퓨터를 고치는 식의 역할이 있을 것이고, 아내는 살림과 육아를 담당하면서 시댁의 행사에 관여하고 제사를 지낸다든지 하는 식의 역할이 암묵적으로 형성되어 있는 것이다.

둘이서 서로의 역할을 하면서 상대방의 역할에 대해서는 보조적인 역할만 하면 되었는데, 이혼을 하면 혼자서 모든 문제를 처리해야 하게 되므로 해보지 않던 역할에 대해서 당연히 서툴고 당황할 수밖에 없다.

심리적인 문제

이혼을 고려하고 결정하는 과정에서 사람들은 누구나 많은 고통과 심리적인 갈등을 겪게 된다.

이혼을 고려하게 되는 초기에는 갈등과 자기부정으로 혼란스럽다가 갈등이 심화되어 배우자와의 괴리감을 느끼게 되고, 중기에는 의사소통이 단절되었음을 느끼고 상대방에 대한 비방·포기·혼돈과 방황을 겪게 되고, 이혼이 결정될 때쯤이면 배우자에 대한 기대감을 포기하는 대신 위기감과 절망감을 느끼고 법적권리에 대한 관심이 생기며 결국은 이혼 후의 준비를 위해 변호사를 접촉하게 된다.

이 과정에서 배신감·분노·복수심·상실감·무기력감·허탈감·우울증·외로움·죄책감·수치심·열등감·불안·두려움 등 갖가지 감정들이 마음속에서 뒤섞이고 요동치게 되는 것이다.

이혼은 그 원인이나 경과에 따라 이혼 후에 오히려 많은 문제가 해결되어 보다 나은 상황이 될 수도 있고, 이혼이 후회될 만큼 모든 상황이 부정적인 방향으로 전개되기도 할 것이다.

하지만 이혼 후 긍정적이든 부정적이든 간에 이혼에 따른 크고 작은 스트레스를 피해갈 수는 없다. 섹스리스가 원인이 되어 이혼한 부부가 아닌 다음에야 성 생활의 상대가 없어짐으로 해서 겪는 생리적인 어려움 또한 해결하기 어려운 숙제로 남게 된다.

대인관계 문제

이혼 후 겪는 문제 가운데 드러나지 않으면서도 힘든 문제가 바로 대인관계에서 겪는 문제일 것이다. 이혼과 재혼이 증가하고 있음에도 불구하고 아직 우리 사회에는 이혼자들의 삶을 위한 공간이나 단체가 없다.

알고 지내던 많은 이들의 관계가 이혼으로 인해 어정쩡해지는 것만으로도 힘든데, 상관없는 제3자들조차 대부분 이혼한 사람의 구체적인 고통과 경험에 대해서 이해하고 알려고 하기보다는 이혼 자체에 대해 무의식적인 거부감을 갖고 있다. 은근히 표시되는 이런 행동과 느낌은 당사자들에게 상당한 고통을 주게 되므로, 자연히 대인관계에 있어 위축되고 자신감을 잃게 되며 스스로 소외감을 갖기 쉽다.

경제적인 문제

맞벌이 부부거나 재산분할 문제가 원활하게 해결되어 여성이 경제력을 갖게 되는 경우를 제외하면, 이혼으로 인한 경제적 어려움은 남성과 여성에게 있어 다른 양상으로 나타난다.

남성의 경우 이혼으로 인해 다소의 경제적 손실이 있게 되기는 하겠지만 이혼이 직업과 경제력에 큰 영향을 미치지는 않는다. 재산 분할로 인한 재산의 감소, 아내가 없어짐으로 인해 불규칙해진 생활 때문에 증가되는 지출 정도만 감수하면 경제적인 빈곤보다는 상대적인 빈곤감으로 인한 심리적 갈등, 혹은 살림을 직접 해야 하는 어려움이 더 크다.

그러나 여성의 경우, 특히 전업주부로 가사노동에만 전념했던 여성의 경우에는 주거 및 생계의 어려움이 가장 심각한 문제로 대두된다.

상대방이 유책배우자여서 위자료를 받았다고 해도 그 액수는 주거문제의 해결에도 빠듯한 액수이기 마련이고, 자녀들의 양육까지 맡았을 경우에는 더욱 큰 어려움이 있게 된다.

노동시장에서의 여성의 저임금과 취업기회의 제한 등으로 경제적 여건이 가뜩이나 불리한데다, 어린 자녀들을 두고 나가서 일할 수 있는 직업은 더욱 더 적어지기 때문이다.

아이를 맡기고 나가서 직업을 가진다고 해도 탁아비용이 수입의 상당 부분을 차지하게 마련이다.

통계자료에 따르면 이혼여성의 80%가 전업주부이다. 따라서 이혼 후 경제적 자립능력이 대부분 결여되어 있기 때문에 이혼 후 여성이 양육권을 포기하는 가장 큰 원인이 되고 있다.

재산분할 청구권이 인정되기는 하지만 그 액수 산정에 있어 가사 노동의 경제적 대가는 낮게 평가되는 경향이 있고, 부부 공유재산의 입증도 쉽지가 않기 때문에 권리로 부여된 만큼 재산을 분할 받는 것은 여전히 어려운 문제이다.

또 재산 분할액이 결정되어도 법적인 강제 이행조치가 없어서 불이익을 당하기도 하고, 그나마 저소득 가정의 주부인 경우 아무런 실익이 없다.

현재 저소득 모자가정 혹은 부자 가정이 생활보호 대상자로 지정받아 임대주택의 우선권을 갖고 자녀교육비를 보조받을 수 있지만 현실적인 도움이 얼마나 되고 있는지는 미지수이다. 우리나라도 하루빨리 정부 차원에서 이혼자를 위한 사회보장제도를 마련해야 한다.

여러 가지 방안의 모색

이혼한 여성이 원만한 사회생활을 하기 위해서는 경제적인 자립이 반드시 필요하고, 경제적 자립을 위해서는 안정적인 직업이 필수적이다. 그런데 기존에 직업을 가지고 있었던 경우가 아니라면 이혼한 여성이 새로 직업을 갖는 일은 결코 쉬운 일이 아니다.

이혼하고 함께 살게 된 어머니나 아버지가 경제적으로 어려우면 자녀도 필연적으로 경제적인 어려움을 겪게 된다.

따라서 직업을 갖기 위해 다양한 분야의 전문적인 기술을 배우고 교육 후 취업을 보장받을 수 있는 이혼자 전문 직업교육기관을 정부에서 설치하는 방안을 생각해 보아야 한다.

한편 자녀 양육을 담당하지 않는 이혼당사자로부터 받는 자녀 양육비는 실제로 자녀양육을 할 수 있을 만큼 충분할까? 충분하지 않은 양육비라 할지라도 정기적으로 받음으로써 양육을 위한 최후의 방어막 역할을 하고 있을까?

결론부터 말하자면 두 질문 모두 대답은 NO!이다.

부족한 액수가 그나마 지급되지 않는 경우가 많은 것이다. 이혼 시의 양육비는 통상 자녀 한 명당 20만 원 내지 30만 원 전후로 인정된다. 하지만 자녀 한 사람당 30만 원 내외의 양육비로 제대로 된 양육을 할 수 없다는 것은 가정경제를 꾸려본 적이 없는 사람이라 할지라도 조금만 생각해보면 알 수 있을 것이다.

게다가 적은 액수의 양육비가 정해지거나 상호간에 액수에 대한 합의를 했더라도 그 이행을 강제할 방법이 우리나라 제도에는 없다. 상대방이 자발적으로 양육비를 주지 않으면 필요한 양육비를 제때 받아낼 방법이 없는 것이다.

아이들을 키우기 위해서는 매일매일 돈이 들어가는데, 주지 않는 양육비를 받아내려면 상대방의 재산에 가압류를 한 뒤 강제 집행하여야 가능하다.

양육비를 국가에서 강제로라도 받아주는 제도가 없기 때문이다. 얼마나 비현실적인지 누구라도 금방 알 수 있을 것이다.

외국의 사례를 보면 부나 모가 따로 신청하지 않더라도 이혼 판결 시 자녀에 대한 양육비 지급을 함께 명령하도록 규정하고 있다. 즉 부모의 양육비 부담책임을 법제화해 놓고 있는 것이다.

독일의 경우는 보좌제도와 양육비 선급제도가 있다. '보좌제도'는 부양 의무자에 대한 양육비 청구를 국가가 체계적으로 지원하는 제도이다. '양육비 선급제도'는 한 부모 가정에서 자라나는 자녀의 양육비 문제를 해결할 수 없을 때 국가가 직접 양육비를 선급하고 후에 부양 의무자에 대해서 구상권을 행사하는 것이다.

이러한 외국의 입법례들을 우리나라에도 도입할 필요가 있다. 그렇지 않으면 이혼가정의 자녀양육 문제는 사회문제로 떠오를 것이다.

양육비 책정기준이 법에 명시되어야 하며, 그 산정에 있어서 물가상승이나 비 양육자의 경제적인 형편도 고려해야 한다.

8_이혼의 가장 큰 피해자는 자녀이다

이혼이 자녀에게 미치는 영향

가족 차원에서 보면 이혼은 부부 두 사람이 혼인관계를 해소하는 것이지만 이혼으로 인해 발생하는 다양한 문제는 부부 두 사람의 문제로 그치지 않는다.

친인척 관계, 교우 관계, 부모자녀 관계 모두에 크고 작은 영향을 미치게 되며, 이혼으로 인해 가장 큰 영향을 받는 피해자는 자녀들이다. 이혼이 자녀들에게 미치는 부정적인 영향은 매우 크고 중대하다.

전형적인 가족은 두 남녀의 결합과 두 사람 사이에 출산한 자녀들로 구성된다. 최근 이혼의 증가로 한 부모 가정이 증가했음에도 불구하고 우리나라의 모든 사회경제적인 여건은 여전히 전형적인 가족 중심으로 형성되어 있다. 한 부모 가정은 시작부터 불평등한 많은 어려움을 겪게 되는 것이다.

이혼당사자들은 이혼으로 인한 문제 해결책으로 재혼을 선택하는 경우가 많다. 그러나 재혼 가정을 불완전한 가족으로 보는 사회적 인식과 재혼가정에 대한 고려가 전혀 없는 갖가지 제도, 새로운 가족 관계 형성 시 모범이 되는 모델 부재 등으로 재혼가정이 뿌리를 내리는 데는 많은 어려움을 겪고 있다.

재혼 가정이 겪는 어려움은 여러 가지가 있지만 가장 민감한 문제 중 하나가 자녀의 성씨 문제이다.

최근 5년간 재혼여성 27만여 명 가운데 60~70%가 이전 혼인에서 생긴 미성년 자녀를 데리고 재혼했다. 재혼 후 자녀는 새 아버지의 호적에 올라갈 수 없고 동거인으로 표시될 뿐이다.

새 아버지에게 친자녀가 있는 경우 재혼가정 자녀들끼리는 우연히 아버지들이 동성동본인 경우를 제외하면 성과 본이 다를 수밖에 없다.

그들 대부분이 새 아버지와, 나아가서는 새로이 형제자매가 된 형·누나·언니·동생과 성姓과 본本이 다른 채로 각종 문서와 질문과 호기심에 방치되고 있는 셈이다.

이로 인해 자녀들이 학교생활에서나 친구관계에서 막대한 지장과 혼란을 겪게 되는 문제는 결코 가벼이 볼 수 없는 피해상황이다.

이혼하는 사람들 상당수는 이혼을 새로운 인생의 시작이라고 생각한다. 이혼에 대해 긍정적인 것은 좋은데, 여기서 또 다른 피해자가 발생한다. 그 피해자는 이번에도 역시 자녀들이다.

서로가 새로 시작되는 인생에 걸림돌이 될까 봐 자녀 양육을 기피하는 것이다. 아무런 잘못 없는 아이들이 졸지에 부모가 멀쩡히 살아있는 고아 아닌 고아, 즉 '이혼 고아'가 되는 것이다.

아이들은 가장 기본적인 교육기관인 가정에서 사회생활을 위한 많은 교육을 받고 정서적 만족과 사랑을 받아야만 한다.

하지만 이혼으로 인해 가족이 해체되게 되면 아이들은 응당 받아서 갖추어야 할 기본적인 교육을 받지 못하게 된다. 한 사람의 평생의 성격이 어린 시절의 경험에 의존한다는 연구결과가 있을 만큼 어린 시절의 성장 환경은 중요하다.

사랑받는 어린 시절을 보내야 할 아이들이 기다림과 굶주림과 고통, 결핍으로 보내게 되면 결국 많은 문제점을 평생 안고 살아가게 된다.

하지만 현재 우리나라는 이런 이혼고아 예방대책이 전무할 뿐만 아니라 사회적인 배려도 없을뿐더러 증가하는 이혼고아를 수용할만한 시설조차 제대로 갖추고 있지 않다.

이러한 문제점 앞에 노출되는 것은 비단 이혼고아만은 아니다. 한 부모 가정의 아동, 조부모에게 맡겨지는 아동, 재혼부모의 아동들도 크고 작은 문제를 겪게 된다.

이혼 후 부모들은 서로를 이해하고 자녀들의 문제를 협조하기보다는 부부가 서로를 미워하고 갈등하며 원한 관계를 지속하는 경우가 많다. 이런 상황은 자녀들의 심리적 갈등을 증가시키고 자녀의 정신과 행동에 큰 영향을 미친다.

부모에 대한 배신감을 느낀다던지, 죄의식, 또는 장래에 대한 불안감과 무기력감 등을 느끼게 되는 것이다. 게다가 이혼가정에 대한 사회와 친구들의 부정적인 시각 때문에 이혼가정의 자녀들은 부모의 이혼사실을 숨기고 싶어 한다.

따라서 원만한 대인관계를 유지하기가 어렵고 학교적응에도 다소의
어려움을 느끼게 된다.

비록 이혼이 함께 살 수 없는 가정의 문제해결이라는 순기능을 갖추고
있지만, 이혼의 역기능에도 초점을 맞추어 이혼가정의 아동들이 겪는 어
려움을 해결할 수 있는 극복방안을 제도적으로 마련해야 할 것이다.

이혼 후 자녀가 겪는 변화

① 부모 역할의 부재
이혼 후 양육을 맡은 한 쪽이 양쪽 부모의 역할을 다하는 것은 아무래도 무
리이다. 엄마는 엄마로써 해줄 수 있는 역할이 있고 아빠는 아빠로써 해줄
수 있는 역할이 있기 때문이다.
따라서 자녀의 행동을 이해하고 조언을 해줄 수 있는 능력이 아무래도 부족
하게 되어 의사소통의 어려움까지도 겪을 수 있다.
그리고 부모의 이혼과정과 결과를 지켜본 자녀들은 감정적, 정서적 충격을
받게 된다. 따라서 이혼가정의 자녀들은 가정, 학교, 사회, 이성문제에 제대
로 적응하지 못하는 경향이 있다.

② 양육환경의 지속성 결여
부모의 양육방법이 적절하지 못하면 아이들은 상당한 불안감을 느낄 수 있
다. 게다가 이혼의 충격에서 벗어나지 못한 부모들은 자신의 감정을 추스르

기에도 바빠 아이의 감정을 살뜰히 보살피지 못한다.

부모의 애정을 상실한 아동은 대인관계에서 불안감이나 자기비하에 빠질 염려가 있다. 어린 시기에는 정서적으로 상처받기 쉽고 인성발달을 위해 안정된 외적환경을 필요로 하므로 자라나는 환경에 지속성이 있어야 한다.

그런데 이혼은 자라나는 환경에 커다란 변화를 가져온다. 그 환경 변화와 지속성 결여의 영향을 아동이 가능하면 덜 받을 수 있도록, 이혼과정에서 많은 고려를 해야 한다.

③ 이혼 자녀를 위한 사회적인 배려 부족

우리나라에는 이혼 자녀를 위한 상담소나 보호소, 사회적 지원체계가 없다. 청소년 상담소에서 이혼자녀의 상담을 비전문적으로 하고는 있으나 체계적인 도움을 주지는 못하는 형편이고, 이혼당사자들이 자녀의 양육을 포기하면 아동들은 특별한 배려 없이 아동보호소에서 자라나게 된다.

④ 이혼부모와 자녀의 관계

이혼자, 특히 자녀의 양육을 맡게 된 남성이혼자에게 있어서 가장 큰 어려움 중 하나가 자녀교육 문제이다. 특히 우리나라의 자녀교육 문제는 어머니를 중심으로 돌아가기 때문에 직장과 자녀교육을 양립시키기에 대단히 큰 어려움이 있다. 아버지에게 있어 딸아이의 머리를 묶어주는 일, 도시락을 싸는 일, 학부모회의에 참여하는 일, 학교급식 당번 같은 일들은 해결하기 어려운 문제가 되기 일쑤이다.

양육을 담당한 부모는 특히 자녀교육에 대한 가치관을 스스로 정립시켜야 한다. 혼자서도 훌륭한 사회인이 될 수 있도록 부모로서 책임감을 가지고 양육하면서, 비록 남과 다른 처지에 있으나 '남과 다름'을 스스로 잘 극복해야 한다는 것을 자녀에게 인식시켜 주어야 한다.

이혼 자녀가 겪는 어려움

① 경제적 어려움

이혼을 하면 대부분의 가정이 이혼 전보다 경제적으로 더 어려운 형편에 놓이게 된다. 함께 사는 부모의 빈곤은 자녀에게도 당연히 영향을 미친다. 경제적으로 곤란한 양육부모는 경제문제 해결을 위해 장시간 노동을 하게 되고, 자녀는 불규칙한 식사, 생활의 불균형, 용돈의 부족 등 여러 가지 문제에 직면한다.

아버지와 사는 경우는 경제적인 것도 문제지만 아버지의 불규칙한 생활습관으로 인해 겪는 어려움도 크다. 특히 알코올 중독이나 절대 빈곤층의 경우 더욱 심하다.

② 심리적 갈등

설사 다른 변화는 특별히 없더라도 부모와 헤어져 사는 것은 자녀들에게는 정신적으로 큰 고통을 준다. 특히 어린 자녀가 어머니와 떨어져서 살게 될 경우 성격장애가 오기도 한다.

주변 사람들이 이혼 자녀들에게 편견을 가지고 있는 것도 상처를 준다.

③ 자녀가 보는 부모의 이혼

사이가 좋지 않은 부모에 대해 부모가 이혼한 것이 더 나은가, 힘들더라도 함께 사는 것이 나은가에 대해 자녀들은 대부분 힘들더라도 함께 사는 쪽을 선호한다.

그러나 부모가 계속 싸우거나 폭력에 노출될 경우 계속 싸우는 부모보다는 어느 한쪽과 헤어져 사는 것이 낫다고 생각하는 아동도 있다.

④ 생활상 어려움

성이 다른 부모자녀의 경우 뜻밖의 곤란에 처하기도 한다. 경제적인 어려움
까지 겹쳐서 단칸방에 살 경우, 성장한 딸과 아버지가 한방을 써야하는 것도
힘들고, 다 큰 아들과 엄마가 한 방을 쓰는 것도 힘든 일이다.

제법 성숙한 남매가 한 방에 있는 것도 힘들며, 이런 상황들은 사춘기의 성
적 충동으로 이어지고, 가출까지 이어질 가능성도 있다.

⑤ 사회적 지원체계

이혼 당사자나 이혼 자녀들은 이혼한 가정을 비정상적인 가정으로 바라보지
말고 다양한 가족 형태 중 하나로 보아주었으면 하는 바람을 가지고 있다.

부모로부터 학대를 받은 아동은 당연히 부모가 자신을 때리지 않도록 다른
누군가가 역할을 해주기를 바라고 있다.

점점 증가하는 이혼가정과 이혼가정의 문제를 사회적인 문제로 인식하고 현
실적으로 도움이 되는 지원체계를 갖추는 노력을 서둘러야 할 것이다.

| 제3장 |

깨끗하게
이혼하기

이혼은 가족과 부부의 지속적인 공동생활을 파괴하는 바람직하지 못한 현상이지만, 가정 내의 여러 문제를 풀 수 있는 열쇠의 역할을 하기도 한다. 이혼을 억제하면 오히려 더 큰 비극을 초래할 수도 있는 것이다. 바람직하지는 않지만 잘못된 결합은 이혼을 통해 해소되고 새로운 결합으로 탄생하기도 하는 것이다.

이혼하고 나서 후회가 남을 상황이라면 현명하게 위기를 극복해야 하겠지만, 도저히 부부로서 함께 살아갈 수 없는 상황이라면 이혼하는 것이 바람직하다.

가끔 수년 동안 별거를 했거나, 아예 다른 집 살림을 차렸거나, 생활비를 전적으로 주지 않는다거나, 배우자가 가출한 후 오랜 세월이 지났다면 자동적으로 이혼이 되느냐는 등의 질문을 하는 사람들이 있다.

우리나라 제도상으로는 자동적으로 이혼이 되는 일은 없다. 50년을 별거하고 5년 동안 배우자가 집에 들어오지 않는다 해도 자동이혼이 되지는 않는다. 현재 존재하는 법 제도 하에서 작위적인 노력을 기울여야만 이혼이 성립되는 것이다.

우리 민법상 이혼할 수 있는 방법은 단 두 가지이다. 두 사람의 합의에 따른 '협의이혼' 과 가정법원의 판결을 통한 '재판상 이혼' 이 그것이다.

1_협의이혼에 관해 알아보자

협의이혼의 절차

① 부부 쌍방의 이혼합의

② 신청서류 준비

협의이혼의사확인신청서3통, 이혼신고서 3통, 호적등본 1통, 주민등록표등본(주소지가정법원에서 확인할 때) 1통, 부부각자 신분증·도장

③ 신청서 제출

본적지, 주소지를 관할하는 가정법원에 제출

④ 가정법원의 확인

⑤ 이혼신고

첨부서류 : 이혼신고서 3통, 협의이혼의사확인서 2통, 남자의 호적등본 1통, 여자의 복적할 가(친정)의 호적등본 2통, 여자의 복적할 가가 없는 때에는 제적등본 2통

⑥ 신고서 제출

본적지, 현재지 시(구) 읍면의 사무소에 3개월 이내에 한다.

1) 협의이혼은 이혼할 부부의 본적지 또는 주소지를 관할하는 가정법원에 부부가 함께 출석하여 신청한다.

부부의 주소가 각기 다르거나 본적지와 주소가 다른 경우에는 그 중 편리한 곳에 신청서를 제출하면 되고, 신청서 제출을 변호사 또는 대리인을 시켜서 대신 할 수는 없다.

2) 본인의 신분증(주민등록증, 운전면허증, 여권 중 하나)과 도장을 가지고 통지받은 확인기일과 시간에 반드시 부부가 함께 법원에 출석해야 한다.

첫 번째 확인기일에 출석하지 않았을 경우에는 두 번째 확인기일에 출석하면 되지만, 두 번째 확인기일에도 불출석한 경우에는 확인신청을 취하한 것으로 본다.

3) 부부 중 일방이 외국에 있거나 교도소에 수감 중인 경우에만 다른 일방이 혼자 출석하여 신청서를 제출할 수 있고, 부부 중 일방이 외국 또는 교도소에 있는 경우에는 법원에서 그 재외공관 또는 수감된 교도소로 이혼의사확인을 요청하는 촉탁서를 보낸다.

이혼의사가 있다는 회신이 오면 상대방을 법원에 출석하도록 하여 이혼의사 확인을 한다.

4) 부부 모두 이혼의사가 있음이 확인되면 법원에서 부부에게 확인서 등본 1통씩을 교부한다.

법원에서 이혼의사확인을 받았더라도 이혼신고를 하지 않으면 이혼이 되지 않는다.

5) 확인서등본을 분실한 경우에는 다시 법원에 이혼의사확인신청을 하거나, 확인서등본을 교부받은 날로부터 3개월이 지나지 않았다면 이혼의사확인을 해준 법원에서 확인서등본을 다시 교부받아 이혼신고서를 작성하여 이혼신고를 하면 된다.

위 기간이 지난 경우에는 다시 법원의 이혼의사 확인을 받지 않으면 이혼신고를 할 수 없다.

6) 이혼의사확인을 받고 난 후라고 할지라도 이혼하고 싶지 않으면 이혼신고를 하지 않거나, 이혼의사 철회서를 남편의 본적지 관할 시(구)읍면사무소에 제출하면 된다.

그러나 상대방의 이혼신고서가 본인의 이혼의사 철회서보다 먼저 접수되면 이혼의 효력이 발생한다.

7) 이혼한 처는 친가(친정)의 호적에 복적하거나 일가—家를 창립할 수 있지만, 한 번 일가를 창립한 경우에는 다시 친가의 호적에 입적할 수 없다.

8) 자녀는 친권 행사자나 양육권자가 누구든지 상관없이 아버지의 호

적에 그대로 남게 된다. 이혼 후에도 아이에 대한 부모의 권리의무는 변함이 없다.

협의이혼 시 합의내용

협의이혼의 경우 부부 당사자 간의 합의 내용에 관해서는 정해져 있지 않다. 전적으로 부부 두 사람에게 맡겨져 있는 것이다. 따라서 이혼 후에 발생할 수 있는 여러 가지 문제를 꼼꼼히 체크하여 가능한 한 서로 합의를 보고, 만일에 대비하여 서면으로 합의서를 작성해 두는 것이 좋다.

협의이혼의 경우 이혼절차를 신속하게 처리할 수 있어서 좋은 점도 있지만 위자료, 재산분할, 양육비등 문제가 있을 때에는 돈을 주지 않으려고 상대방이 재산을 숨기는 경향이 많다.

따라서 재산문제가 개입되어 있을 때에는 협의이혼보다는 재판상이혼 소송과 함께 재산을 가압류해야 안전하게 위자료나 재산분할청구권을 행사하여 권리를 보전할 수 있다.

2_법정에서의 이혼

재판상 이혼의 사유

재판상 이혼사유는 민법 제840조에 열거되어 있다.

1. 배우자의 부정한 행위가 있었을 때
2. 배우자가 악의로 다른 일방을 유기한 때
3. 배우자나 그 부모로부터 심히 부당한 대우를 받았을 때
4. 자기의 부모가 배우자로부터 심히 부당한 대우를 받았을 때
5. 배우자의 생사가 3년 이상 분명하지 아니한 때
6. 그밖에 혼인을 계속하기 어려운 중대한 사유가 있을 때

1. 배우자의 부정한 행위
① 배우자의 부정한 행위란 간통 뿐 아니라 부부의 정조의무에 충실하

지 않는 일체의 행위가 포함되는 개념이다.

② 배우자가 부정한 행위를 했다고 주장하기 위해서는 '혼인의 순결성에 반하는 외형적인 사실'을 '본인의 자유로운 의사'로 했어야 한다. 예를 들어 심신상실 상태에서 한 행위이거나 강간을 당한 경우 등은 부정한 행위로 인정되지 않는다.

③ 부정한 행위는 했으면 그것으로 족할 뿐, 그 횟수는 묻지 않는다.

④ 부정한 행위는 혼인후의 행위만이 해당되므로 혼인전의 행위는 설사 그것이 약혼중의 행위라도 부정한 행위라고 할 수 없다.

⑤ 다른 일방이 사전에 동의하였거나 사후에 용서를 한 때에는 이혼청구를 할 수 없다.

여기서 '동의와 용서'는 명시적으로 행해졌거나 묵시적으로 행해졌거나 상관없다. 예를 들면 부정한 행위가 있었던 사실을 알면서 부부생활을 지속해왔다면 사후적으로 용서한 것으로 본다.

⑥ 부정한 행위는 그 사유를 안 날로부터 6개월, 그 사유가 있는 날로부터 2년을 경과한 때에는 이혼을 청구하지 못한다.

2. 배우자의 악의의 유기

① '악의의 유기'란 정당한 이유 없이 동거·부양·협조의 의무를 포기하는 것을 말한다. 이때 부부생활을 계속할 의사가 없다는 사실이 판단기준이 된다.

② 상대방을 내쫓거나, 두고 나가버리거나, 상대방으로 하여금 나가지 않을 수 없게 만든 다음 돌아오지 못하게 한 경우가 모두 '악의의 유기'에 해당한다.

3. 배우자 또는 그 직계존속에 의한 심히 부당한 대우

'부당한 대우' 란 신체적, 정신적 학대나 명예에 대한 모욕을 의미하며, '심히' 란 배우자의 일방이 부부의 동거생활의 계속에 대하여 고통을 느낄 정도를 말한다.

4. 자기의 직계존속에 대한 배우자의 심히 부당한 대우

신체적, 정신적 학대 또는 명예에 대한 모욕이 이에 해당되며, 그 정도에 있어서는 사회의 통념과 당사자의 신분 · 지위를 참작해서 각 경우에 구체적으로 판단한다.

5. 배우자의 3년 이상의 생사불명

3년 이상 생사불명의 상태가 지속되었고 현재도 생사불명이어야 한다. 생사불명의 원인과 이유는 묻지 않는다.

설령 이혼판결이 확정된 후에 살아서 돌아오더라도 실종선고와 달리 혼인의 경우에는 당연히 혼인의 효력이 부활하지 않는다.

6. 기타 혼인을 계속하기 어려운 중대한 사유

① '혼인을 계속하기 어려운 중대한 사유' 라 함은 부부공동생활 관계가 회복할 수 없을 정도로 파탄되어 그 혼인생활을 계속하는 것이 일방 배우자에게 참을 수 없는 고통이 되는 경우를 의미한다.

② 그 구체적인 사유는 법원이 판단한다. 다른 재판상 이혼 사유와는 달리, 이 경우에는 어느 한 쪽에 책임이 있을 것을 반드시 필요로 하지는 않는다.

③ 법원에서 인정한 '혼인을 계속하기 어려운 중대한 사유' 로는 대략 다음과 같은 것들이 있다.

그러나 이러한 사유가 있었다 할지라도 이혼사유로 인정되는 것이 아니라 그 정도의 문제를 법원에서 판단한다.

▮ 장기간의 별거가 있었고 이를 해결하려는 노력을 하지 않은 채 방치하여 사실상 혼인 파탄상태에 이른 경우
▮ 부부 일방의 심한 우울증 등 정신 질환, 이유 없는 성교거부, 성적 불능이 있음에도 이를 극복하기 위한 노력을 하지 않는 경우, 성병의 감염 등 신체적 요인
▮ 장기간의 감옥생활, 심한 종교적 신념의 차이, 극심한 의처증이나 의부증, 알코올 또는 마약중독 등 도덕적 요인
▮ 낭비 · 사치 · 방탕 · 도박 · 금전에 대한 지나친 인색함 등 경제적 요인

④ 이 사유로 이혼을 하는 경우에는 이를 안 날로부터 6개월, 그 사유가 있은 날로부터 2년 이내에 이혼소송을 해야 한다.

그러나 이 사유가 이혼청구 당시까지 계속되고 있는 경우에는 기간 제한을 받지 않는다.

⑤ 다음은 '혼인을 계속하기 어려운 중대한 사유' 라고 보기 어렵기 때문에 이혼을 허락하지 않은 사례들이다.

▮ 부부간 또는 시부모와의 사이에 단순히 감정의 갈등 · 균열 내지는 대립이 생겼다는 사실
▮ 여자가 임신 불능이라는 사실

▌부부간에 평소 사소한 일로 자주 부부싸움을 하고, 이전에도 이혼조정 신청을 한번 제기하였다가 서로 화해한 뒤 취하했다는 사실 등 사소한 불화

▌부부가 이혼하기로 합의하고 일방 배우자가 위자료조의 금전을 수령하였는데도 순순히 협의이혼에 응하지 않으므로 상대방이 이혼소송을 제기 한 경우, 그와 같은 사실만으로는 재판상 이혼의 사유가 될 수 없다고 함.

▌신앙생활과 가정생활이 양립할 수 없는 상황이 아님에도 불구하고 남편이 부당하게 아내에게 양자택일을 강요하였기 때문에 부득이 신앙생활을 택하였다면 이들 부부의 혼인이 파탄 나게 된 주된 책임은 양자택일을 강요한 그 남편에 있고, 남편의 이혼청구는 허용할 수 없다.

▌종교가 다르다는 것 자체만으로는 이혼할 수 없다. 다만, 상대방이 특정 종교로 인하여 가사를 돌보지 않고 가산을 탕진하고 돌아다닌다면 그것은 이혼사유에 해당될 수 있다.

▌혼수가 빈약하거나 지참금이 없다는 이유로는 이혼할 수 없다. 결혼하면 아파트를 사준다거나 개업을 시켜 준다는 약속을 지키지 않았다는 사유로 이혼을 요구할 수는 없다.

▌서로 상대방의 입장을 끈기 있게 이해하고자 노력함으로써 건전한 부부생활을 회복할 가능성이 역력하다면 이혼심판청구를 허용 할 수 없다.

▌아내가 불가피한 상황 하에서 당한 강간을 이유로 이혼을 요구할 수 없다.

▌과거 연인을 잊지 못하고 사진과 편지들을 보관하고 있다고 해서 이혼할 수는 없다.

▌남편이 실직하거나 무능하여 돈벌이가 시원치 않다는 이유만으로는 이혼할 수 없다.

▌질투심이나 시기심이 강해도 그것 때문에 가정이 파탄될 수밖에 없는 사건이 발생하지 않는 한 이혼할 수는 없다.

▌고부간의 단순한 불화 또는 시누이와 올케에 대한 부당한 대우 등은 이혼

사유가 되지 않는다.

▮ 상대방이 위생관념이 희박하고 불결하며 입에서 악취가 난다는 이유만으로는 이혼할 수 없다.

유책배우자의 이혼 청구

파탄주의를 택하고 있는 나라에서는 부부관계가 회복될 수 없을 정도의 파탄 사실만 있으면 그 책임이 누구에게 있는가 하는 것을 묻지 않고 이혼 청구가 가능하다.

그러나 유책주의를 원칙으로 하고 있는 우리나라의 경우 유책배우자의 이혼 청구에 대해서는 제한적인 입장을 취하고 있다.

그러나 실체관계가 없는 단지 법률상의 부부형태를 강요하는 것은 불합리하기 때문에 예외적인 경우에는 유책배우자에 의한 이혼청구를 인정하고 있으며, 유책배우자의 상대방이 내심으로는 혼인을 계속할 의사가 없으면서도 오기나 보복적 감정에서 표면적으로 이혼에 불응하고 있을 뿐인 경우에는 이혼을 인정해준다.

3_위자료는 얼마나 받을 수 있을까?

위자료란 정신적 고통을 받은 대가로 피해자가 가해자로부터 받는 손해배상의 일종이다. 그 액수 산정에 있어서는 법원이 여러 가지 점을 참작하여 직권에 의해 결정하며, 대개 다음과 같은 사항을 참작한다.

① 혼인파탄의 원인과 책임
② 유책 배우자로부터 받은 정신적 고통의 정도
③ 재산상태 및 생활정도 가족상황
④ 동거기간 및 혼인생활 내력
⑤ 당사자의 학력 · 연령 · 경력 · 직업 등 신분사항
⑥ 자녀 및 부양관계
⑦ 재혼의 가능성

위자료의 산정기준은 법에 정해져 있는 것이 아니므로 판례를 통해 그 현황을 알 수 있다. 각급법원에서 위자료청구에 대하여 판결한 내용을 보고 자신의 경우를 미루어 짐작해 보기 바란다.

서울가정법원 2000. 1. 27. 선고 사건의 경우

원고(아내) : 54세, 주부

피고(남편) : 60세, 회사원

결혼기간 : 26년

주된 이혼원인 : 욕설 · 구타 · 냉대

재산상태 : 부동산 130,000,000원, 채무 46,500,000원

위자료 : 청구 30,000,000원 → 법원인정 30,000,000원

재산분할 : 청구 100,000,000원 -〉 법원인정 25,000,000원

서울가정법원 2000. 1. 25. 선고 사건

원고(아내) : 48세, 주점경영

피고(남편) : 71세, 자영업

결혼기간 : 4년

주된 이혼원인 : 아내가 해외에서 술집 종업원 생활.

위자료 청구 : 20,000,000원

결과 : 기각(유책배우자의 청구이므로)

서울가정법원 2000. 1. 20. 선고 사건

원고(아내) : 52세, 잡화상

피고(남편) : 58세, 당구장

결혼기간 : 사실혼 21년

주된 이혼원인 : 불화로 별거 · 유기

위자료 : 청구 100,000,000원 → 법원인정 20,000,000원

서울가정법원 2000. 1. 18. 선고 사건

원고(아내) : 33세, 교사

반소(남편) : 34세, 회사원 및 시어머니

결혼기간 : 3년

주된 이혼원인 : 부당학대

위자료 : 청구 50,000,000원 → 법원 인정액(피고들은 연대하여) 30,000,000원

서울가정법원 2000. 1. 18. 선고 사건

원고(아내) : 30세

피고(남편) : 45세

결혼기간 : 18년

주된 이혼원인 : 가출 · 별거 · 부정행위

재산상태 : 부동산 40,000,000원

위자료 : 청구 10,000,000원 → 법원 인정액: 10,000,000원

서울가정법원 2000. 1. 13. 선고 사건

원고(남편) : 33세

반소(아내) : 30세

결혼기간 : 2년

주된 이혼원인 : 상습폭행

재산상태 : 아파트분양대금 1억 원

위자료 : 청구(반소) 30,000,000원 → 원인정액:(반소) 20,000,000원

서울가정법원 2000. 1. 11. 선고 사건

원고(아내) : 42세

피고(남편) : 47세(간통녀 46세)

결혼기간 : 20년

주된 이혼원인 : 간통으로 협의이혼 후 위자료만 별도 청구

위자료 : 청구(남편에게) 20,000,000원, (간통한 여자에게) 30,000,000원

→ 법원 인정액(피고들은 연대하여) 20,000,000원

서울가정법원 2000. 1. 11. 선고 사건

원고(남편) : 27세, 미국인

피고(아내) : 27세, 회사원

결혼기간 : 사실혼 6개월

주된 이혼원인 : 애인과 해외도주

위자료 : 청구 40,000,000원 → 법원 인정액 15,000,000원

서울가정법원 1999. 9. 16. 선고 사건

원고(아내) : 43세

피고(남편) : 51세

결혼기간 : 5년(사실혼)

주된 이혼원인 : 부정행위

재산상태 : 피고명의 아파트 50,000,000원, 원고명의 예금 10,000,000원, 보험계약상 권리 3,000,000원

위자료 : 청구 20,000,000원 → 법원 인정액 15,000,000원

4_재산분할 청구권이란?

재산분할청구권이란 이혼한 부부의 일방이 다른 일방을 상대로 혼인 중에 형성한 재산을 공평하게 나누어 갖자고 청구할 수 있는 권리이다.

재산분할의 주된 목적은 실질적인 부부 공유재산의 분배에 있으므로 혼인관계의 파탄에 책임이 있는 지와는 직접적인 관련이 없다.

따라서 유책배우자라도 재산분할을 청구할 수 있다는 것이 대법원의 입장이다.

다시 말해 간통한 남편이 고소를 당하지 않을 조건으로 협의이혼을 했다 하더라도 부인명의로 되어 있는 혼인 중 형성된 재산에 대하여 재산분할을 청구할 수 있다.

조심해야 할 것은 재산분할청구권은 협의이혼 신고로부터 또는 판결 확정일로부터 2년을 경과하면 소멸한다는 사실이다.

재산분할의 대상과 방법

1) 재산분할의 대상

① 재산분할의 대상이 되는 것은 혼인 중 당사자 쌍방의 협력으로 취득한 재산이다.

② 부부의 일방이 별거 후에 취득한 재산일지라도 그것이 별거 전에 쌍방의 협력에 의해 형성된 유형·무형의 자원에 기인한 것이면 재산분할의 대상이 된다.

③ 부부 각자의 특유재산은 원칙적으로 분할의 대상이 되지 않는다. 그러나 다른 일방이 적극적으로 그 특유재산의 유지에 협력한 경우에는 분할의 대상이 된다.

▪ 남편의 재산이라 할지라도 아내가 가사노동을 분담하는 등 그 재산의 유지·증가에 기여했으면 분할의 대상이 된다.

▪ 처가 주로 마련한 자금과 노력으로 취득한 재산도 남편이 가사비용의 조달 등으로 그 재산의 유지 증가에 기여한 경우에는 분할의 대상이 된다.

▪ 부부의 일방이 받은 퇴직금이나 연금도 분할의 대상이 될 수 있다. 그러나 장래의 퇴직금이나 향후 수령할 퇴직연금은 분할 대상이 아니다.

▪ 재산적 평가가 가능한 의사 변호사 등의 자격도 청산 대상이 될 수 있다.

④ 제3자 명의로 된 재산도 분할의 대상이 되지만 그 소유명의를 부부 일방으로 바꾸지 않으면 현금분할을 하거나 다른 재산의 분할에 참작하는 방법에 의하여야 한다.

⑤ 부부 일방이 혼인 중 제 3자에게 부담한 채무는 청산대상이 된다.

- 분할대상인 부동산에 관한 임대차보증금 반환채무
- 근저당권이 설정된 채무
- 혼인생활비용으로 사용하기 위한 차용금 채무
- 위 사항에 해당하는 채무는 분할대상 재산에서 공제해야 한다.

⑥ 부부 일방이 위와 같이 청산의 대상이 되는 채무를 부담하고 있어 총 재산가액에서 위 채무액을 공제하면 남는 금액이 없는 경우에는 상대방의 재산분할청구는 받아들여질 수 없다.

2) 재산분할의 방법

재산분할은 당사자 쌍방의 협력으로 이룩한 재산의 액수 및 기타 사정을 참작하여 분할의 액수와 방법을 정하게 되어 있다.

따라서 공동재산 분배의 방법에 관하여 구체적인 분할방법은 가정법원이 후견적 입장에서 혼인생활의 실태, 재산형성 및 유지에 기여한 정도 등을 종합적으로 고려하여 재량으로 결정한다.

위자료 및 재산분할에 대한 현실

① 1991년 도입된 '재산분할제도'는 현재 위자료 제도와 함께 이혼 이후의 생활을 대비하는 가장 중요한 수단이다.

재산분할제도는 결혼기간 중 공동재산을 모으기 위해 부부간에 얼마나 노력했는지에 따라 재산을 나눠 갖도록 하는 것이며, 공동재산 형성의 기여도를 판단하는데 있어서 판사가 절대적인 재량권을 가지고 있다.

② 일반적으로 법원에서는 전업주부의 공동재산 형성 기여도를 30% 내외로 본다. 맞벌이 부부는 30~60%, 남편의 가업을 도운 경우는 20~50%까지 인정하는 추세지만 사례마다 달라 일률적으로 적용하기 어렵다.

물론 전업주부라도 부동산 투자 등으로 적극적으로 재산증식을 했다면 이를 인정받는 사례도 종종 있다. 그러나 법원은 여성의 기여도에 대해 보수적인 입장을 취하고 있다.

변호사나 의사 등 고소득 전문직 여성 정도만이 남편의 경제적 능력이 거의 없다는 것을 전제로 했을 경우 50% 이상의 비율을 인정해 주고 있는 실정이다.

③ 재산분할은 혼인신고 없이 동거생활을 하고 있는 사실혼의 경우에도 적용해야 한다는 판례가 있으므로 사실혼 관계가 해소됐을 때도 이혼과 마찬가지로 재산분할을 청구할 수 있다.

④ 부부의 한 쪽이 이미 퇴직금을 받았다면 재산분할이 가능하지만, 장래에 받을 퇴직금은 분할대상으로 인정하고 있지 않는다. 연금이나 보험금도 동일하다.

그러나 이혼 후 2년(재산분할청구권 행사기간)이 지나지 않은 상태에서 퇴직금을 받았다면 분할 대상이 된다.

⑤ 대법원 판례에 따르면 협의이혼을 전제로 부부간에 재산을 나누자고 미리 약정을 했어도 재판상 이혼을 하게 되면 효력이 없다. 이것은 위자료의 경우에도 마찬가지다.

협의이혼을 전제로 하면서 위자료를 지급했어도 다시 이혼소송에서 위자료를 청구할 수 있다.

⑥ 최근에 법원은 상속재산은 그 상속시기에 따라 '혼인기간 중 부부가 협력해 유지한 재산'으로 간주해 분할대상으로 삼고 있다.

⑦ 통상 배우자에게 당한 정신적 고통의 대가로 받는 위자료는 대략 5,000만 원 선이 법원이 인정하는 상한선이다.

그러나 실제는 결혼생활 10년 기준으로 3,000만 원 정도가 일반적이다.

5_친권과 자녀양육권

가족법 개정 이전에는 자녀양육권에 있어서 아버지에게 우선권이 있었다. 가족법 개정 이후에는 자녀의 복리를 최우선으로 고려하여 친권자나 양육자를 정하도록 하였으나, 친권결정 기준에 대해서는 구체적인 언급을 하지 않고 당사자의 협의 또는 심판에 의하여 정한다고만 되어있다. 따라서 이혼당사자들이 자녀의 양육에 대해 의견 충돌이 있을 때는 재판부에서 일방적으로 심판을 하게 된다.

재판부의 자녀양육 결정기준을 판례를 통해서 살펴보면,
첫째, 부모의 경제적 능력
둘째, 현재 동거중인 부나 모가 다른 사람과 재혼 또는 동거중 여부
셋째, 자녀의 연령 또는 일차적 친권자가 누구인가 여부 등이다.
'자녀의 복리를 최우선으로 고려' 하기 위해 자녀들의 의견을 참고한 경우는 아주 드물었다.

또한 아동양육에 적절하지 않은 부모에 대한 기준도 구체화되어있지 않다. 따라서 가정폭력이나 배우자의 부정 등을 이유로 이혼했어도 유책배우자가 아동을 직접 학대하지만 않는다면 양육할 수 있게 되어있다.

협의 이혼에 있어 문제의 소지가 될 수 있는 것이 또 있다. 협의 이혼의 경우 부부간의 합의와 정해진 절차에 따른 신고를 통해 이혼이 성립되고 가정법원은 단지 당사자가 진정으로 이혼할 의사가 있는지의 여부만을 확인할 뿐이라는 것이다.

협의 이혼의 경우 재판상 이혼에 비해 절차가 간단하므로 다분히 감정적인 면이 개입할 가능성이 높아진다. 이혼합의에 도달할 때까지 충분한 기간을 가진다 할지라도 절차 문제에 치중하기보다는 감정적인 문제에 치중하게 되어 정작 실질적인 부분에 있어서의 합의가 부족한 채로 이혼하게 되는 것이다.

대부분 이혼 후의 생계 대책이나 자녀양육에 관한 협의가 없거나 부족한 상태에서 이혼절차를 밟는다.

따라서 이혼 후 양육권자가 정해지기 전까지 자녀양육에 공백이 생기거나, 심할 경우 자녀양육에 합의를 보지 못하거나 책임을 미루다가 자녀들이 시설로 보내지게 되는 것이다.

그런가 하면 이혼 후 어머니가 자녀를 양육하더라도 자녀의 성도 바뀌지 않고 친아버지의 호적에 그대로 남아있게 되어 여러 가지 문제들이 향후 발생하게 된다. 이러한 문제는 그렇지 않아도 많은 고통과 해결과제를 갖게 되는 자녀들에게 더욱 큰 고통을 안겨준다.

이혼은 당사자만의 문제만이 아니라 그 자녀에 관한 문제이기도 하므로, 아동의 양육에 관한 문제가 이혼절차에 앞서 해결되도록 적절한 제도를 마련해야 한다. 무엇보다도 이혼 심판 시 자녀에게 가족관계나 부모와의 관계에 관한 질문을 통해 자녀의 의사를 반영하고 자녀가 원하는 것을 알아낼 수 있도록 해야 할 것이다.

이혼 시 자녀의 신분관계

부모의 이혼은 자녀들의 신분관계에는 아무런 영향을 미치지 않는다. 임신한 상태에서 부모가 이혼을 하고 이혼 후에 그 아이가 출생해도 혼인 중의 출생자로 인정되어 친부의 호적에 정상적으로 오르게 된다. 이혼을 하더라도 그 생부 생모와 자녀사이의 친족관계는 소멸되지 않는다. 이혼 후 어머니가 양육권을 가지고 돌본 자녀라 할지라도 아버지의 유산을 상속할 권리가 있다. 부자간의 부양의무 또한 그대로 존속하며, 추후 아버지는 양육하지 않은 아들에게도 부양을 요구할 수 있다.

이혼을 하면 모는 모의 친가로 옮겨가거나 일가창립을 해야 한다. 이때 자녀들의 호적은 여전히 아버지의 호적에 남아있으며, 비록 아이들을 어머니가 키우기로 합의했어도 자녀들의 호적을 옮겨가거나 성姓을 바꾸게 할 수 없다.

그러나 이를 바꾸기 위한 법 개정이 추진 중이며 다음 기사를 참조하기 바란다.

| 2008년부터 부모 성 선택 가능 |

출처 : 조선일보 2005년 12월 23일

헌법재판소 전원재판부(주심 周善會)는 22일 민법 제 781조 제 1항중 자녀
는 아버지의 성姓과 본本을 따라야 한다고 규정한 부분에 대해 재판관 7대 1
의 의견으로 '헌법 불합치不合致' 결정을 내렸다.

불합치 결정은 관련법이 바뀔 때 까지 기존법의 효력을 인정하는 변형결정
이다.

이에 따라 자녀가 부모의 성을 선택할 수 있도록 개정된 새 민법이 시행되는
2008년 1월 1일 이전까지는 현재의 조항을 따라야 한다.

헌재 관계자는 "어머니의 성을 따르기를 원하거나, 입양 또는 재혼 등의 사
유로 친부親父가 아닌 양부養父나 새 아버지의 성을 따르기를 원하는 사람들
은 2008년 새 민법이 시행될 때까지 기다려야 한다"고 말했다.

재판부는 결정문에서 '아버지'가 사망했거나 어머니에게 친권이 있는 자녀,
입양됐거나 이혼 후 재혼한 어머니 밑에서 자란 자녀 등에게 본인의사와 달
리 '생물학적 아버지'의 성을 강요할 경우 인격권과 가족생활을 침해하게
된다고 밝혔다.

서울북부 지방법원은 2001년 4월 편모슬하에서 자라던 곽 모(14) 군 등이
어머니가 재혼하자 새 아버지의 성을 따르게 해달라며 낸 위헌신청을 받아
드려 헌재에 위헌심판을 제청했다.

양육권이란?

양육권은 자녀에 대한 전적인 권리를 의미하는 것이 아니라 자녀를 양

육할 권리만을 의미한다. 이혼 후 누가 자녀양육권을 가질 것인가 하는
문제는 당사자간의 합의로 정하고, 합의가 이루어지지 않을 때에만 법원
에서 결정하게 된다.

따라서 이혼소송을 할 경우에는 누가 친권 및 양육권을 행사할 것인지
와 양육비의 지급도 동시에 청구하게 된다.

친권이란?

친권이란 부모가 미성년의 자녀에 대하여 가지는 권리이자 의무이다.
친권자가 행사할 수 있는 친권의 내용은 다음과 같다.

1) 자녀의 신분에 관한 친권

① 자녀를 보호하고 교양하여야 할 권리와 의무

② 자녀가 거주할 장소를 지정할 수 있는 거소 지정권

③ 자녀를 보호하고 교양하기 위해 필요한 꾸지람과 매질 등을 할 수
있는 징계권

④ 자녀에게 특정한 영업을 허락할 수 있는 영업 허락권

⑤ 자녀를 부당하게 억류하고 있는 자에 대한 자녀 인도청구권

⑥ 자녀의 인지청구의 소 제기, 상속의 승인 또는 포기 등
특별한 행위에 관한 대리권

⑦ 자녀의 분가 등 특별한 행위에 관한 동의권

2) 자녀의 재산에 관한 친권

① 자녀가 취득한 자녀명의 특유재산에 관한 관리권

② 자녀의 재산에 관한 법률행위에 대한 대리권

③ 자녀가 스스로 하는 재산행위에 관한 동의권

친권과 양육권에 대한 일반적 사항

일반적으로 같은 자녀에 대해서는 친권 행사자와 양육권자를 겸하는 것이 보통이다. 미성년의 자녀가 여러 명일 경우 원칙적으로 부모 중 일방이 일괄하여 친권을 행사하도록 하지만, 경우에 따라 자녀별로 친권 행사자를 다르게 할 수도 있다.

일단 친권 행사자 및 양육자가 정해졌더라도 사정이 생기거나 달라진 환경으로 인해 친권 행사자 및 양육자를 변경할 필요가 있으면 부모의 협의나 가정법원의 조정 또는 심판에 의하여 변경할 수 있다.

양육권자로 지정되면 양육하지 않는 부모 일방에게 양육비를 청구할 수 있다. 통상 양육비는 자녀의 나이, 부모의 수입 등 여러 가지를 고려해서 법원이 정하지만 보통 자녀 한 명당 월 20만 원에서 30만 원 전후로 인정된다.

이 양육비는 양육하지 않는 쪽이 양육하는 쪽에게 지급하여야 하므로, 남편이 양육을 맡을 경우에는 아내 쪽에서 남편에게 양육비를 지급해야 한다.

대법원 판례에 따르면, 이혼소송 전부터 어느 한 쪽이 자녀를 양육하고 있었을 경우, 양육하지 않은 쪽에서 분담하는 게 상당하다고 인정될 경우에는 과거의 양육비도 청구할 수 있다.

법원에서 친권 행사자 및 양육자를 지정하는 기준

이혼할 때 대부분의 여성들이 친권 행사자 및 양육자 지정에 있어 남자가 유리하다고 생각하고, 자녀에게 애착을 가지고 있으면서도 미리 포기하는 경우가 많다.

그러나 실제로는 친권 행사자나 양육자를 결정할 때 자녀의 복지를 우선적으로 고려하므로 여성이 양육권을 가지는 경우가 많다.

그리고 반드시 자녀를 양육하고 싶다면 이혼소송을 할 당시에 자녀를 양육하고 있는 것이 매우 유리하다.

구체적인 고려 사유를 몇 가지 알아보자.

① 자녀의 연령
나이가 어린 경우에는 어머니에게 유리하다.
② 성별
여자아이일 경우에는 어머니에게 유리하다.
③ 자녀가 현재 어디에서 양육되고 있는가
자녀양육환경의 지속성을 유지하기 위해 가능하면 현재 자녀가 있는 환경을 변화시키지 않으려고 한다.
④ 경제적인 능력

경제적인 능력이 적은 쪽에서 양육권을 가지더라도 다른 당사자에게 양육비를 청구할 수 있으므로 절대적인 기준으로 삼지는 않는다.

⑤ 자녀의 의사

자녀의 연령이 15세 이상이면 반드시 자녀 본인의 의사를 확인한다.

⑥ 결혼기간 동안 자녀에 대한 양육태도가 어떠했는가

⑦ 관계있는 당사자들의 정신적, 육체적 건강상태

앞으로의 양육에 더 적합한 건강상태를 가지고 있는 쪽에서 양육권을 가진다.

⑧ 자녀의 이익에 영향을 미칠 수 있는 사람들과 자녀와의 상호관계

⑨ 자녀에 대한 양육 의지 등

면접교섭권

① 이혼이 이루어진 후 양육권을 가지지 않은 쪽은 자녀와의 면접교섭권을 가진다.

면접교섭권이란 친권 행사자나 양육자가 아니기 때문에 현실적으로 자녀를 양육하고 있지 않은 부 또는 모라도 그 자녀와 직접 만나거나, 서신교환, 선물교환, 전화통화 등의 접촉을 할 수 있는 권리를 말하며, 방문권이라고도 한다.

② 자녀와 만날 수 있는 횟수 · 시간 · 날짜 · 장소 등은 부모의 협의로 미리 정한다. 하지만 협의가 이루어지지 않은 경우에는 법원에 조정 또는 심판을 청구하여 면접교섭권의 행사방법과 범위를 결정한다.

자녀의 복리를 위하여 필요한 때에는 당사자가 가정법원에 청구하여
자녀와의 면접교섭을 제한하거나 배제할 수도 있다.

6_이혼 시 합의사항을 지키지 않을 때는
어떻게 해야 할까?

이혼까지 가게 된 사람들은 사실 서로에 관한 신뢰가 부족하다고 볼 수 있다. 따라서 이혼 시 합의사항에 관해서도 여러 가지 문제점이 생길 수 있다.

합의사항을 지키지 않을 때는 어떻게 할 수 있는지 사례별로 간단히 알아보자.

1) 자녀에 대한 면접교섭권은 법적 강제력이 있나?

재판이혼에서는 자녀와의 면접교섭에 관해 명령이 내려진다. 그러나 협의이혼에서는 양육권 · 양육비 · 면접교섭권 · 재산분할 등에 대해 정해놓은 바가 없이 전적으로 이혼당사자에게 맡기고 있다.

따라서 협의사항을 문서로 작성하여 공증을 받아놓는 것이 현재로서는 가장 확실한 방법이다. 물론 공증을 받아놓는 것이 상대방에게 이행을 강제하는 수단이 되지는 못한다.

그러나 그 사항에 관해 법적 효력을 다툴 때는 공증서류가 증거자료가 된다. 구두로 합의했는데 지키지 않는다면 나중에 이행 명령을 촉구하는 소송을 낼 수 있다.

그러나 공증을 거쳤거나 소송을 통해 이행 명령을 하더라도 아이를 의도적으로 안 보여주는 경우가 있으므로 이혼 전에 충분한 합의와 설득을 거쳐야 한다.

2) 나중에라도 양육권을 가질 수 있을까?

부모 쌍방의 합의만 있으면 법원에서 양육자 지정 변경을 할 수 있다.

3) 양육비 지급을 강제할 수 있을까?

재판이혼 과정에서나 협의이혼 뒤 추후 소송에서 이행 명령이 있었는데도 지키지 않으면 월급 압류 등 강제집행 절차를 밟을 수 있다.

그러나 현실적으로 재산이 없거나 소득이 없는 경우 양육비를 지급하지 않는 사례가 비일비재하다.

4) 법원에서 산정하는 양육비는 보통 어느 정도인가?

양육 대상자에게 부모의 도리를 다하기 위해 지급하는 것이므로 양육자의 경제적 수준은 고려하지 않는다.

보통 자녀 한 사람당 20만 원에서 30만 원, 최근에는 다소 현실적으로 산정하는 경향이 있어서 50만 원까지도 가능하다.

5) 재산분할시 금액산정은 보통 어느 정도 보장되는가?

재산 형성 기여도에 따라 다르다. 전업주부라 할지라도 공동재산 형성에 기여했으므로 판례에 의하면 3분의 1 정도는 인정된다. 이혼의 유책배우자가 누구인지는 고려하지 않는다. 맞벌이 부부였고 부부재산 형성에 공동기여 했다면 재판을 할 경우 50% 정도 인정된다.

6) 위자료 계산법은 별도로 있는가?

지정된 위자료 계산법은 없다. 재산분할권이 인정되지 않았을 때는 위자료에 재산 기여도가 포함되어 계산됐지만 부부 재산분할권이 인정되면서 위자료 액수는 그다지 많이 인정되지 않는다. 3천만 원선을 넘는 경우가 많지 않으며, 이혼의 유책당사자에게 손해배상 차원에서 요구하는 것이므로 소득과는 상관이 없고, 혼인당사자가 아니라고 해도 이혼원인 제공자에게 위자료 청구를 할 수 있다.

7) 이혼 전에 부모 중 한 쪽만이 자녀를 양육한 경우 과거 양육비 상환을 청구할 수 있는가?

부모의 자녀양육의무는 자녀의 출생과 동시에 발생하므로 과거의 양육비에 대하여도 상대방이 분담함이 상당하다고 인정되는 경우에는 그 비용의 상환을 청구할 수 있다.

8) 위 7)의 경우 과거 양육비의 분담범위를 정하는 기준은 무엇인가?

과거의 양육비 모두를 상대방에게 일시에 부담시키면 상대방에게 신의성실의 원칙이나 형평의 원칙에 어긋날 수도 있다. 따라서 부모 중 한

쪽이 자녀를 양육하게 된 경위와 그에 소요된 액수, 그 상대방이 부양의무를 인식한 것인지 여부와 그 시기, 그것이 양육에 소요된 통상의 생활비인지 여부, 당사자들의 재산 상황이나 경제적 능력과 부담의 형평성 등을 고려하여 적절한 분담의 범위를 정한다.

9) 양육비를 주라고 판결이 났는데 상대방에서 줄 돈이 없다고 하면 어떻게 되는가? 소송을 할 경우 비용은 누가 부담하는가?

상대방의 전세나 월세보증금이 있으면 그것을 압류하여 볼 수 있다. 소송비용은 재판에서 진 사람의 부담이다.

제4장

이혼독립
만세

1_이혼하고 후회하는 사람들

이혼을 한 사람들은 이혼을 서둘렀건 천천히 준비했건 간에 결혼생활을 지속시킬 수 없을 만큼 고통스러운 상황이 있었기에 갈라선 것이다. 배우자의 폭력에 시달렸거나 배우자의 외도 때문에 밥도 못 먹을 정도의 배신감을 느꼈거나, 무관심 때문에 참을 수 없는 무기력감을 느꼈거나, 생활비를 주지 않아 경제적인 면에서 궁핍을 겪었거나…… 이혼 건수만큼의 다양하고 고통스러웠던 사연들이 이혼이라는 결론 뒤에 있다.

많은 고통과 갈등 때문에 이혼을 선택했지만, 이혼한 순간 또 다른 고통과 갈등이 기다리고 있다. 혹시 경제적인 여유나 있으면 모를까, 대부분의 사람들은 이혼 전보다 훨씬 더 힘들고 어렵게 살아야 하는 냉혹한 현실이 기다리고 있다. 여우를 피하기 위해 사자 굴로 도망 온 격이라고나 할까?

이혼의 원인이 되었던 힘든 일들이, 갈라서고 난 다음날 바로 잊혀지는 것도 아니다. 고통과 분노와 미움 등 복잡한 감정이 정리되려면 오랜 시간이 걸릴 뿐만 아니라 자녀가 있는 경우 상대방과는 싫어도 가끔 마주칠 수밖에 없다. 자녀의 '부모'라는 사실은 이혼으로도 바뀌어 지지 않으니 말이다.

이혼 후 먼저 아내의 손길을 아쉬워하게 되는 쪽은 일반적으로 남자들이다. 먹는 것, 입는 것, 청소하고 자는 것 등 전적으로 여성의 손에 의지하던 반복적이고 일상적인 가사노동이 자신의 몫이 되니 자연히 힘들 수밖에 없다. 아내는 순종적이었고 자신은 가부장적이었던 남성의 경우 더욱 어쩔 줄 모르게 된다.

반면 여자들은 이혼 후 가장 먼저 '자유'를 실감한다. 가사노동에 쏟던 그 많은 시간들이 온전히 자신의 것으로 앞에 놓여있으니 홀가분할 수밖에 없다. 멋지게 살고 싶은 욕심만 조금 버리면 여자들은 나이와 상관없이 생계문제를 해결할 수 있는 방법이 다양하다. 음식점 등 요식업소, 할인마트의 캐셔 등 그동안 집에서 하던 노동만으로도 취직할 수 있는 곳이 얼마든지 있는 것이다.

물론 키워야 할 어린 자녀가 있는 경우에는 문제가 다르다. 전문기술이나 전문자격증 없는 여자들이 취업하는 곳이 대부분 노동 강도는 높고 오랜 시간 일하고 보수는 낮은 직종이기 때문에, 아이를 보육기관에 맡기고 일터로 나가는 것이 현실적으로 어렵다.

그래서 신문지상에 심심치 않게 등장하는 기사가 일터에 나가기 위해 집에 아이들만 방치했다가 사고가 났다거나, 아이의 양육권을 포기하기 위해 학대를 했다거나 하는 마음 아픈 것들이다.

자녀가 없는 경우에 사실 이혼은 심리적인 홀로서기만 가능하다면 다른 커다란 문제는 없다. 그러나 자녀가 있는 상태에서 이혼한 경우에는 이야기가 많이 다르다.

특히 아직 부모의 손길을 필요로 하는 영유아 자녀가 있을 경우, 아이를 잘 키우면서 직장을 다녀서 경제적인 기반을 갖추는 것은 고소득의 전문직이 아니고는 불가능한 이야기에 가깝다.

이혼한 여성들 가운데는 아이를 맡길 데가 없어 낮에 시댁에 아이를 맡기고 저녁에 찾아오는 경우도 있다. 이혼할 때 당해야 했던 숱한 갈등과 무시를 그 여성은 매일매일 다시 당하고 있는 셈이다.

다시는 마주하기 싫을 만큼 상처를 줬던 시댁 식구들에게 아이를 맡길 수밖에 없는, 어쩔 수 없는 상황이라면 얼마나 자존심도 상하고 참혹한 기분이 들겠는가.

한국가정법률상담소가 내놓은 '이혼과정 실태조사(2004년)'를 보면 기혼자의 57.1%가 이혼을 심각하게 고려해본 적이 있다고 한다.

이혼을 고려했거나 이혼한 사람들이 이혼 후에 닥칠 문제에 관해 얼마나 깊이 고려했는지를 분석해보면, 이혼 뒤 자녀 양육대책(37.2%), 주변 사람들과 상의(30%), 가족 및 대인관계 검토(29.4%), 이혼 뒤 심리적 문제(28.2%), 이혼 뒤 생활대책(25.4%) 등은 비교적 충분히 고려했으나, 정작 이에 필요한 법률적인 지식과 객관적인 정보를 얻는 데에는 게으른 것으로 나타났다. 전문 상담기관을 찾은 비율은 17.5%, 이혼관련 법률 확인은 16%, 이혼 관련 정보 수집은 8.8% 등에 그쳤다.

오랫동안의 고민 끝에 이혼이라는 결론을 내린 사람들조차 객관적으로 자료를 조사하고 숙고한 것이 아니라 감정에만 치우쳐 갈등하다가 제대로 된 대처를 하지 못하고 이혼까지 가게 되는 경우가 상당히 높다는 것을 알 수 있다.

또 이혼 과정에서 부부 쌍방의 합의 정도도 매우 낮은 것으로 나타났다. 쌍방이 완전하게 합의한 내용은 친권과 양육권의 경우 46%, 위자료와 재산분할은 20.1%에 그쳤다.

반면 양육비에 있어서는 절반 가까운 45.6%가 전혀 합의를 하지 못했고, 면접교섭권은 40%, 위자료와 재산분할은 39.7%가 합의되지 않았다. 친권과 양육권까지 전혀 합의를 보지 못한 채 이혼하는 비율도 17.4%에 달했다.

이혼 후에 당장 부딪치게 될 문제이므로 당연히 합의해야 할 기본적인 문제들까지 합의를 하지 못한 이유는 의외로 단순하다. 친권과 양육권의 경우 상대방의 거부와 강압(44.8%), 본인 스스로 포기(32.8%), 이혼이 급해서(14.9%)의 순서였다.

당장 헤어지는 데 급급해서 양육비와 면접교섭권 같은 중대사조차 꼼꼼히 따져 결론을 낼 여유가 없었던 셈이다. 그러나 이혼 과정에서 소홀하게 처리한 이런 사항들은 나중에 실제 이혼을 하고 독신 생활에 들어갔을 때 현실적인 문제로 등장하는 경우가 많다.

이혼 절차를 밟는 것은 순식간이지만 짧게는 수 년, 길게는 수십 년 엉켜있는 실타래를 풀어내는 것이 이혼이라는 절차이며, 그 결과는 남은 평생 유지되는 중차대한 일이다. 따라서 양 당사자가 냉정을 회복하고 마주앉아, 이혼 후에 또 만나 얼굴 붉힐 수 있는 분쟁의 소지를 없애는 합의를 해야 한다.

실제로 이혼을 경험한 사람들은 이혼을 어떻게 생각하고 있을까. 얼마 전에 개그맨 김형곤 씨가 갑자기 숨져서 사람들을 슬프게 한 일이 있다. 그는 16대 총선에서 낙방한 후 이혼까지 겹쳐 한동안 그 충격을 이겨내기 위한 마음고생이 심했다고 한다.

그는 이혼할 때 시간이 불과 몇 초밖에 걸리지 않아 너무 놀랐다고 한다.

"솔직히 법정에 가면 판사가 '한 번 더 생각해 보라.' 고 말할 줄 알았어요. 법원에서 판사가 말리는 척이라도 하면 그거 핑계대고 뭉개볼 수도 있었을 텐데 각자에게 이혼할 거냐고 물어보고 아이는 누가 맡을 거냐고 물어본 뒤 그대로 방망이를 두드려서 정말 너무 황당했죠. 보통 이혼 후 3개월 안에 신고를 안 하면 이혼이 무효가 되므로 그게 어떤 역할을 할 거라고 하지만, 이혼을 원했던 쪽은 거의 대부분 법원에서 나오면 바로 구청으로 달려갑니다. 이탈리아 같은 나라는 이혼하는 데 몇 년 걸린다고 하더군요. 우리나라 가정법원은 이혼제조공장이에요. 정말 충격을 받았습니다."

아닌 게 아니라 유럽의 여러 나라들은 이혼하기 위한 절차가 몹시 까다로워서 반드시 이혼해야겠다는 절실한 마음이 없는 사람들은 귀찮아서라도 이혼할 엄두가 안날 정도이다.

독일의 경우 부부가 1년간 떨어져 있었다는 증거가 있어야 이혼할 수 있다. 헤어진 아내 쪽이 아이를 키울 경우 자녀 양육비는 물론이고 그 아내가 직장을 갖기 전까지는 생활비까지 남자가 부담해야 한다. 설령 아내가 이혼 후에 다른 남성과 동거를 한다고 해도 그 사실이 남편의 생활비 지급의무에 영향을 미치지는 않는다. 이혼하고 싶어도 양육비를 지불할 능력이 없으면 혼인생활을 지속할 수밖에 없다. 그에 비하면 우리나라의 이혼은 너무 쉽고 이혼 후에 해야 할 일은 적다.

고 김형곤 씨는 이혼할 때 한 번 더 생각하라고 권했다.

"상대가 나에게 좋은 배우자는 아니더라도 내 자녀의 좋은 엄마, 좋은 아빠라고 생각되면 이혼하지 마세요. 이혼 당시 내 아들에게 아내가 좋은 엄마라는 것을 깨달았다면 절대로 이혼하지 않았을 겁니다. 이혼하고 나니 철학자가 되어가는 것 같아요. 모든 사물이 진지하게 보이고 낙엽이 눈에 보입니다. 진정으로 권합니다. 이혼하지 마세요."

그런가 하면 또 다른 40대의 남성 장 모 씨 역시 자신의 이혼에 관해 뼈저리게 후회를 하고 있는 중이며, 이혼한 지 여러 해가 지난 지금 아내와의 재결합을 신중하게 추진하고 있다.

"내 몸 반쪽이 잘려 나가는 것과 같은 고통을 느꼈어요. 나의 팔과 파트너의 팔이 잘려 공중으로 날아가 버리는 게 이혼이더군요. 평생 둘 다 외팔이 인생이 되는 겁니다. 아내가 다른 남자를 집안에 끌어들이지만 않는다면 이혼하지 말라고 권하고 싶습니다. 사랑하는 아이들의 성장기에 어머니의 자리를 확보해 주지 못했다는 사실이 너무도 고통스럽습니다."

이혼하기까지도 고통스럽고 괴롭지만 이혼한 이후는 더욱 힘들고 어렵고 고통스럽다. 특히 사랑하는 자녀들이 아무런 잘못 없이 부모의 이혼으로 고통스러워하는 모습을 바라보면 아픔과 죄책감을 더욱 느끼게 된다. 빨래는 세탁소에 맡기고 음식은 음식점에서 사 먹고, 청소는 파출부를 정기적으로 불러서 손보게 할 수 있지만 자식들의 고통, 자식들에게 비어있는 다른 한 부모의 자리는 그 무엇으로도 메워 줄 수가 없다.

부모의 이혼으로 이미 상처를 받아버린 아이들의 마음은 놀이공원에
가서 흥겨운 시간을 보내도, TV나 컴퓨터를 하고 놀아도, 가슴 한 구석에
는 언제나 엄마 혹은 아빠의 자리가 비어있다. 부모가 언제 또 자신을 버
릴지 모른다는 불안감과 자신을 불행하게 만든 부모들에 대한 원망과 혼
자라는 외로움이 늘 자리하고 있는 것이다.

이혼 전보다 이혼 후에 부모들은 자녀들에게 더 세심한 신경을 써야
한다. 자신이 처한 어려움 때문에 자녀를 방치하면 나중에 또 다른 고통
의 불씨로 자라나게 된다.

한편 장애 아동을 출산한 후 배우자와의 갈등이 시작되고, 이 문제가
해결되기 전에 시댁의 과도한 참견으로 인해 이혼에까지 이르게 된 30대
여성 한씨는 부부생활에 관한 주변의 지나친 간섭이 이혼의 커다란 원인
이라고 생각한다.

"우리나라 사람들은 남의 일에 유난히 관심이 많아요. 결혼생활 할 때
시부모를 비롯한 시댁 가족들의 지나친 관심이 결혼을 파경에 이르게 하
는 경우가 비일비재합니다. 저도 그렇고 제 주변 친구들도 시댁 가족들
의 과도한 간섭으로 이혼을 했거나 이혼을 목전에 두고 있는 사람이 많
습니다."

결혼식을 올릴 때까지 부모가 모든 것을 챙겨주었던 아들딸이니 갓 결
혼한 신랑신부가 주변의 어른들이 판단하기에는 미숙해 보일지 몰라도,
결혼한 두 당사자는 어엿한 성인이다. 따라서 두 사람이 갈등과 싸움과
이해의 과정을 겪으면서 단단한 가정을 만들어가는 모습을 가만히 지켜

보아야 한다.

그런가 하면 이혼한 후에도 주변사람들 때문에 상처를 받는다. 한 씨는 이혼사실을 밝혔을 때 그동안 호감을 가지고 잘 대화하던 상대의 표정이 순간적으로 미묘하게 바뀌는 것을 느끼고 상처를 받은 적이 많다. 그런 문제에 관해 3년간 혼자서 아픔을 겪던 그녀는 이혼자들이 모이는 인터넷모임에 가입해 비슷한 처지의 사람들과 대화하면서 많은 위로를 얻었다.

"거기서 많은 사람들을 만나면서 이혼의 갖가지 사례가 있고 결혼생활에서 이혼할 수 있는 변수가 너무 많다는 것을 알았어요. 제가 그곳에서 느낀 것은 아이가 있는 사람은 이혼을 할 때 100번은 생각해 봐야 한다는 거예요. 아이를 두고 온 사람이나 아이를 양육하는 사람이나 자녀 때문에 받는 고통이 너무도 커요. 남자들도 혼자 아이 키우기 힘들지만 여자 혼자서 아이 키우기 정말 힘든 곳이 대한민국입니다. 개인에게만 맡겨두지 말고 나라에서 이혼한 사람들의 자녀양육에 대한 관심을 기울여야 할 때입니다. 여성들이 아이를 키우기 위해 돈을 버느라 윤락 같은 위험한 직업을 갖게 되는 경우도 있어요. 힘든 상황이니 아이들의 인성교육을 제대로 할 수가 없지요"

한국가정법률상담소의 '이혼과정 실태조사(2004년)' 를 다시 한 번 들여다보면, 이혼한 남성의 40.5%가 이혼을 후회한다고 응답한 반면 이혼한 여성은 17.5%만 이혼을 후회한다고 되어있다. 가사노동에서 뒤로 물러나있던 남성들이 이혼 뒤에 다가오는 '혼자서 모든 것을 해결해야 하는 상황' 에 더 적응하지 못할 것은 당연하다. 남녀평등, 여권신장, 가사분담 이런 말들 속에서도 결혼 생활이 여전히 남성에게 더 유리한 구조

였음을 알려주는 수치라고 할 수 있다.

자녀양육권을 확보하지 못한 이혼녀의 경우 이혼의 고통과 후유증은 자녀에 대한 그리움 때문에 더욱 커진다. '모성'이라는 것이 과연 선천적으로, 태생적으로 여성들에게 주어진 것인가? 라는 의문이 생기는 숱한 사건들이 일어나고 있지만, 대부분의 엄마들은 여전히 자녀를 위해서는 무엇이든 할 수 있는 지극한 모성애의 소유자들이다. 남편에게 모욕과 부당한 대우를 받으면서도 결혼생활을 유지하는 많은 여성들의 '이혼을 하지 못하는 사유'가 바로 자녀들이니, '아이를 보지 못하는 고통'이 얼마나 큰 어려움일지는 짐작할 수 있을 것이다. 유자녀 이혼녀들이 이혼을 후회하는 가장 큰 이유도 바로 '자녀들 걱정, 자녀들을 보지 못하는 고통'이다.

'결혼은 해도 후회하고 안 해도 후회'라는 말처럼 이혼 역시 해도 후회하고 안 해도 후회한다. 어차피 할 후회라 할지라도 그 후회를 최소한으로 줄이기 위해서는 이혼 전, 혹은 이혼 절차 중에 많은 것에 대비해야 한다.

준비 없는 이혼으로 마땅히 가져야 할 권리를 제대로 찾지 못한 이혼자들을 위해 제도적 장치가 필요하다는 생각에는 누구나 동의할 것이다. 이혼을 위한 제도에서 중요한 것은 형식적으로 어떤 모습인가가 아니라 '이혼 후에 실질적으로 도움이 되는 내용과 지원들이 포함되어 있는가?'가 될 것이다.

이 분야에 있어서 현재 우리나라에는 법적 장치가 거의 없다고 봐도 좋다. 따라서 독일이나 유럽 등 이혼에 관한 법제도가 잘 갖추어진 나라의 입법례를 모범으로 삼아 필요한 제도를 갖추어 나가야 한다. '이혼

숙려제도'나 '이혼 전 상담'을 둘러싼 논의가 벌이지고 '이혼에 대한 법과 제도를 어떻게 할 것인가'에 대한 제도적인 고민이 시작된 것은 고무적이고 다행한 일이다. 실효성 있는 사회적인 고려와 제도들이 신속하게 탄생하기를 기대한다.

2_이혼해서 행복한 사람들

우리는 살아가면서 숱한 선택의 기로에 놓이게 된다. 그 선택들의 결과로 한 사람의 생이 이루어져 간다고 해도 틀린 말이 아닐 것이다. 인생에 있어서 선택이 가혹한 것은 결코 두 번 살 수 있는 것이 아니기 때문이다. 그 누구도 잘못된 선택 이전으로 돌아갈 수는 없다.

하지만 어떤 선택이 잘못되었음을 확실히 자각했을 때 그 선택을 시정하려는 노력은 반드시 필요하다. 이혼도 그러한 선택의 시정에 해당하는 일일 것이다.. 결혼이라는 잘못되었던 선택을 이혼이라는 선택으로 바로잡아보려는 노력이다.

옷의 첫 단추가 잘못 꿰어져서 전반적으로 매무새가 틀어지면 첫 단추를 다시 풀어서 처음부터 옷을 다시 입는 수밖에 없지 않은가.

배우자를 잘못 선택해서 결혼생활이 불행했다고 후회한다면, 적어도 이혼만큼은 후회가 없도록 해야 한다. 결혼이 잘못된 선택이었다면, 그 결혼을 끝내는 이혼이라는 선택은 분명 최선의 선택이어야 하기 때문이다.

결혼결정보다 더 어려운 것이 이혼결정이다. 이혼이 후회 없으려면 신중한 판단과 준비가 필요하다. 이혼은 누구에게도 쉬운 일이 아니다. 이혼이 잘못된 결혼생활의 대안이라고 생각하면 오산이다. 신중하게 생각하고 준비하지 않으면 이혼은 오히려 지금보다 더한 고통을 안겨줄 수 있다.

이혼 전과 이혼 후는 많은 것이 달라진다. 결혼생활의 성패가 뭐니뭐니해도 당사자들의 노력에 달려있듯이 '이왕 해버린 이혼'이 성공작이 될 것이냐 실패작이 될 것이냐도 오로지 당사자에게 달려있다. 특히 이혼 후에는 상대방의 조력 없이 전적으로 홀로 서야 한다는 점에서 특히 더 그러하다.

나중에 더한 후회의 순간이 오더라도 '당신 때문'이라고 할 상대가 없는, 전적으로 혼자만의 전쟁인 것이다.

이혼이 성공적으로 되기 위해서는 이혼 과정 자체가 성공적이어야 한다. 서로 미움을 쌓으면서 이혼하는 게 아니라 가벼운 마음으로, 상대방의 미래까지 축복해 줄 수 있는 배려를 가지고 쿨하게 갈라서야 서로의 미래에 더 긍정적인 영향을 미칠 수 있는 것이다. 이혼은 결혼의 종지부이기도 하지만 새로운 생의 시작이기도 하고 새로운 결혼으로의 출발점이기도 하니까 말이다.

쿨하게 이혼하려면 부부 모두가 이혼에 동의해야 한다.

물론 부부 모두가 쿨한 성격이었으면 이혼까지 갔을 리가 없다. 지금까지 살면서 사사건건 일치하지 않았더라도 마지막에는 한번 멋지게 합의를 보여주는 것도 괜찮다. 갈라섰더라도 상대방에 대해 기분 좋은 뒷모습을 보여주는 것은 멋진 일이 아닌가.

여기서 이혼에 대한 부부 모두의 동의란 먼저 이혼을 원한 상대방에 대해 남편이나 아내 쪽에서 '이혼을 요구할 만한 마땅한 이유가 있고' 그 이혼요구를 받아들인 입장에서는 '이혼요구를 들어줌으로써 상대방이나 본인의 장래생활이 보다 더 희망적인 것이 될 것'이라는 합의가 있어야 한다는 것이다.

이혼 제기와 동의에 대해 부부 모두 객관적으로 바라보고 평가할 수 있어야 한다, 다시 말해 이혼은 이혼 당사자 두 사람, 적어도 한 사람의 정신적·심리적·신체적 안녕에 도움이 되리라는 확신에 기초해야 한다는 말이다.

두 사람 사이에 얼굴 붉히지 않고 합의가 잘된 이혼은 주위 사람들의 지지를 받을 수 있다. 그러나 두 사람이 이혼에 이르기까지는 분명 나 자신의 잘못도 있을 것이다. 결혼생활이란 두 사람의 상호작용이기 때문에 한 배우자만의 잘못으로 이혼에 이를 수는 없다.

따라서 잘못된 결혼생활에 내가 어떻게 기여했는지를 뒤돌아보는 시간을 반드시 가져야 한다. 이러한 시간을 통해 이혼을 자신의 미래를 개선할 수 있는 기회로 보게 되면 다음의 관계에서 같은 실수를 반복하는 우를 범하지 않을 수 있다.

이전과 다르게 행동할 수 있는 것이다. 아울러 이혼 후에도 배우자를 진심으로 존중하고 염려해 줄 수 있을 것이다.

또한 멋지게 이혼하려면 이혼 후에도 자녀들에게는 변함없이 엄마이고 아빠라는 사실을 잊지 말아야 한다. 이혼은 부부관계를 포기하는 것이지 부모 역할까지 포기하는 것은 아니기 때문이다. 특별한 경우가 아니고는 자녀는 어떤 경우에도 부모의 이혼을 원하지 않을 것이다. 그렇기 때문에 이혼을 할 때는 최대한 자녀의 입장을 배려해야 한다.

먼저 자녀에게 왜 부모가 이혼할 수밖에 없는지를 설명해 주어야 한다. 어른들 일이라고 아무 것도 알려주지 않으면 아이들은 더 큰 불안에 휩싸이게 된다. 부모가 이혼할 때 자녀들은 대개 자신이 누구랑 살게 될지에 대한 두려움을 갖는다.

그러므로 우선 엄마와 아빠가 이혼을 하게 되더라도 자녀들에 대한 관심과 사랑은 변함없다는 점을 확인시켜 주어야 하며, 또 그들이 누구와 살게 될 것인지에 대해 함께 의논하거나 합의된 사항을 설명해 주어야 한다.

이혼한 이후에도 자녀에 대한 사항은 잘 협조해서 전 배우자와 부모역할을 함께 공유하는 것은 자녀들에 대한 죄책감을 덜어내는 데도 도움이 된다.

이혼을 한 후에도 당당하려면 우선 나 자신부터 세상을 향해 당당해야 한다. 온전한 가족에 대한 환상을 버려야 한다. 한 부모 가정, 혹은 다시 독신으로 돌아간 상황에 대해서 주눅들 필요는 없다. 이미 우리나라에는 입양가족, 분거가족, 한 부모 가족, 독신 가족…… 등등 숱한 가족의 형태가 생겨나고 있고, 이혼 후의 가족이 이혼 전의 가족에 비해 열등하다는 식으로 주눅들 필요는 없다.

그런 생각은 이제 낡은 시대의 잔존물일 뿐이다. 우리는 체면을 중요한 도덕적 가치로 삼아왔기 때문에 이혼을 마치 부도덕하고 떳떳하지 못한 것으로 치부해 왔다. 그러나 이혼은 우리가 살아가는 동안 겪게 되는 많은 사건들, 예컨대 사업 실패나 질병, 자녀의 가출, 교통사고 같은 예기치 못한 사건 들 가운데 하나일 뿐이다.

물론 그 가운데 가장 큰 심리적 정신적 충격을 안겨주는 사건이기는 하지만 말이다. 이혼은 가족을 재구성하는 과정이다. 즉 이미 형성되었던 가족이 다른 모습으로 재탄생하는 것이다.

뭔가 문제가 있었기에 기존의 가족을 깨뜨리고 새로운 가족의 형태로 재탄생하는 것이니, 형식에 구애받지 말고 내실을 충실히 다질 일이다.

혼인생활이 좋지 않은 상황에 있는 것을 전제로 이혼을 고려하게 되므로 당연히 이혼 이후에 삶이 훨씬 밝아지고 나아진 사람들도 많다.

대학교 때부터 8년간 연애하여 결혼한 남자와 11년 만에 이혼한 A 씨는 지금도 자신이 유일하게 잘한 행동이 있다면 그것은 바로 이혼을 결정하고 실행에 옮겼다는 사실이라고 말한다.

전남편이 사업에 실패한 뒤 수 년 간 참으로 다양하고 참아내기 어려운 갈등이 있었던 그녀는 3년 전에 자신이 모든 채무를 떠안고 위자료까지 주고 이혼했으며, 현재 초등학교와 중학교에 다니는 두 딸을 키우며 결혼 전부터 하던 사업을 계속하고 있다.

"최선을 다해 가정을 지키려고 했지만 이혼하는 게 낫겠다는 판단이 설 정도로 상태가 나빠졌습니다. 다행히 제가 경제력을 가지고 있었기 때문에 전남편이 재기할 수 있도록 여러 차례 기회를 줬어요. 물론 그런 노력 덕분에 저는 경제적으로 많이 어려워졌습니다. 그러나 최선을 다했기 때문에 아무런 미련이 없어요. 아직까지 그 여파에서 온전하게 벗어나지 못하고 경제적으로 압박을 당하고 있지만, 제 딸들과 더 이상 불안에 떨지 않고 마음 편하게 살게 된 것에 대해 무척 만족하고 다행스럽게 생각합니다. 아이들의 얼굴에도 웃음이 돌아왔어요."

그런가 하면 이혼한 부부가 친구처럼 서로 의지하고 의논하며 지내는 경우도 있다.

40대의 회사원인 B 씨는 아내와 극한상황까지 가지 않고 서로 협의해서 12년의 결혼 생활을 정리한 이후 9년이 지난 지금까지도 전처와 친구처럼 연락을 하고 지낸다.

이혼 동기는 두 사람의 생활 패턴이 달랐기 때문이었다. 아내는 휴일이면 집에서 편히 쉬기만을 원하는 남편에게 만족하지 못했고, 남편은 아무 때나 친구들을 집으로 끌어들이는 등 예측하기 어려운 행동을 하는 아내에게 적응을 못했다.

불만이 쌓이다 보니 차츰 대화가 없어졌고, 더 이상 회복가능성이 없다고 판단되자 B 씨가 먼저 이혼을 제의했다. 딸이 있었지만 자녀가 있더라도 이성적으로 판단했을 때 더 이상 결혼생활을 유지하기 힘들다고 생각되었으므로, 서로 맞지 않는 생활을 빨리 끝내고 인생을 새로 출발하는 것이 좋을 것 같아서였다.

먼저 이혼을 제의한 대신 B 씨는 이혼 과정에서 충분한 대화를 서로 나누어 앙금이 남지 않도록 했을 뿐만 아니라, 전업주부로 지냈던 아내의 이혼 후 안정적인 생활을 위해 거의 모든 재산을 아내에게 주었다. 그는 지금까지 재혼을 하지 않았고, 전처는 다른 사람과 재혼했다가 다시 실패하고 혼자 살고 있다.

B 씨는 이혼 후 1년 동안 딸을 데리고 살다 딸을 전처에게 보낸 후 한동안 허전한 마음이 들었으나 곧 회복했다. 딸과 지속적인 연락을 하고 있으며 딸도 가끔 아버지와 함께 지낸다. 그는 전처의 새 남편과 만나 식사를 한 적도 있으며, 전처가 다시 이혼하고 어려움을 겪을 때 경제적인 지원도 해 주었다.

B 씨가 했던 이 모든 배려는 자신의 딸이 정서적으로 안정된 가운데서 생활하도록 하기 위한 것이었다. 그는 이제 대학생이 된 딸이 대학을 졸업하고 결혼할 때까지 변함없이 물심양면으로 지원해 아버지의 역할을 다할 생각이다.

물론 현실적으로 B 씨와 같은 사고방식을 가지고 이와 같은 행동을 하는 사람들은 극히 드물다. 돈이 있으면서도 한 푼이라도 덜 주려고 재산을 감추고 서로에게 상처 주는 말을 하는 것이 이혼하는 부부들 대부분의 모습이다.

하지만 서로에게 상처가 될 뿐만 아니라 자녀들에게까지 피해를 주는 이런 방식보다는 B 씨와 같은 방식을 택하는 것이 여러 모로 바람직해 보인다.

B 씨와 같은 성숙한 자세로 이혼을 하게 되면 이혼사실이 자녀에게 큰 피해를 겪지 않을 뿐 아니라 이혼으로 혼인관계만이 파괴될 뿐 부모자식 간의 관계에는 악영향을 미치지 않게 되는 것이다.

실제로 외국에서는 이혼한 전부부가 함께 식사를 하거나 재혼한 일방의 집에 초대받는 광경을 가끔 볼 수 있다. 혼인관계는 포기하되 배우자 대신 친구를 얻고 자녀관계에는 변함이 없는 이런 형태의 이혼이 우리나라에도 점차 많아졌으면 하는 바람이다.

3_이혼사실을 숨기고 싶다?

이 혼 후 혼 자 사 는 것 에 대 하 여

사회가 본의 아닌 거짓말을 하게 한다

어떤 경로로 이혼을 했든 이혼 후에 남는 이름은 '이혼남·이혼녀'로 통일된다. 이름이 통일되는 만큼 그 사람에 대한 이미지도 이름에 맞게 통일된다. 이혼한 사람들을 바라보는 사회적인 통념에서 벗어날 수 없는 것이다.

이혼 후의 생활에 무척 만족하고 있는 사람들조차 이혼한 사람들을 바라보는 곱지 않은 사회적 인식에는 상처를 입는다. 따라서 왜 이혼했는지 심경은 어떤지에 대해 관심 받는 게 싫어서 이혼한 뒤에 과거에 알던 사람들과 연락을 끊는 경우까지 생긴다.

특히 우리나라 사람들은 나이 좀 들어 보이는 사람들이 혼자 사는 것처럼 보이면 꼭 결혼여부에 관심을 보인다. 모델처럼 늘씬한 외모지만

적지 않은 나이를 숨길 수는 없는 이혼녀 K씨에게 처음 만나는 사람들은 대부분 "결혼했어요?"라는 질문을 던지곤 한다. 그럴 때마다 그녀는 '싱글' 혹은 '독신'이라고 대답해버리곤 한다.

미혼이라고 대답하지 않으면 집요하고 은근히 불쾌한 질문을 받게 되는 경우가 많기 때문이다. 그녀는 이렇게 말한다.

"사실대로 말하고 싶지만 그랬다가는 피곤한 대접을 받거나 '이혼녀는 외롭다'는 속셈 때문에 접근해오는 남성들을 따돌려야 하는 수고까지 하게 돼요. 사회가 본의 아닌 거짓말을 하게 합니다. 세상에는 미혼과 기혼만 있는 게 아닌데도 불구하고, 멤버십카드나 신용카드를 만들 때조차 미혼과 기혼 란에 체크를 하도록 강요당합니다. 그런 인식들과 마주칠 때마다 심란해집니다."

이혼에 만족하고 성공적인 사업체를 이끌고 가는 L 씨 역시 극히 친한 사람 외에는 자신의 이혼 사실을 알리지 않는다. 그러나 사업체를 운영하는 데는 미혼이라는 사실이 불리한 경우도 많으므로 그녀는 사업상 만나는 사람들에게 직접적으로 자신의 상태에 대해 말하지 않고 대화 도중에 자연스럽게 아이들 얘기를 한다.

이혼했다는 사실을 밝히지 않고 결혼생활을 하고 있다는 사실을 상대에게 귀띔하는 것이다. 다른 사람들에게 결혼하고 이혼했다는 사실에 대해 떳떳하지만, 그렇게 하는 것이 사회적 편견에 의해 손해 보지 않는 방법이기 때문이다.

그러나 이혼을 말하지 않은 게 편하기 때문에 굳이 밝혀 말하지 않았다가 곤란해지는 경우도 많다.

"남편과 이혼 후에 다시는 결혼하지 않으리라고 생각했지만 새로운 사랑을 만나게 되었어요. 처음 만날 때는 직장 동료로 가까워졌고, 결혼을 염두에 두지 않았기 때문에 이혼사실을 꺼낼 일이 없었어요. 결국 그가 저와의 결혼을 간절히 원하고 저도 그가 없으면 살 수 없는 지경에 이르러서야 정신이 들었어요. 이제 와서 제 과거를 이야기한다면 그는 충격을 받을 거예요. 지금 사실을 털어놓기에는 너무 멀리 왔습니다.

지금 제가 사는 곳은 제가 결혼해서 살던 곳과 멀리 떨어져 있고 아는 친지나 친구들도 없습니다. 그래서 숨긴 채 결혼하려고 합니다. 이혼사실을 숨기고 결혼하는 게 죄가 될까요?"

"다시 결혼할 의사가 없었습니다. 그래서 사람들에게 이혼했다고 밝힐 필요를 느끼지 못했어요. 그러다가 정말 좋은 사람을 만나게 되었는데, 말할 시기를 놓쳐 아직 제가 이혼한 적이 있다는 사실을 알리지 못했습니다. 그 사람은 결혼 경력이 없어요. 호적등본에도 이혼사실이 나와 있지 않은데, 이혼사실을 숨기고 결혼할 수 있을까요? 좋은 사람이라 속이지 않으려고 노력중이나 사실대로 말하면 그가 떠나버릴까 봐 두렵습니다."

앞서 언급했다시피 높아진 이혼율 때문에 재혼율도 높아져서 신혼부부 4쌍 중 한 쌍이 재혼부부인 상황이니만큼, 주위에서 이런 사연들을 찾아보는 것은 그다지 어려운 일이 아니다.

요즘 시대는 과거와는 달리 이혼이 큰 흉이 아니기 때문에 굳이 이혼사실을 숨기는 사람이 그다지 많지는 않다. 하지만 종종 말할 시기를 놓쳐 고민하는 사람이 있게 마련이다. 그러나 이혼사실을 숨기고 결혼했을 경우 배우자가 이 사실을 알고 이혼청구를 하면 이혼사유에 해당된다.

　이혼 사실을 굳이 밝히고 싶지 않은 심정은 충분히 공감이 간다. 아무리 의식이 달라져간다고 해도 우리나라 사회가 아직은 이혼한 여성을 색안경 끼고 보는 데다 아이를 떼놓고 온 경우라면 더욱 좋지 않게 보기 때문이다.

　최근 들어 이혼녀와 총각의 결혼이 많이 증가했는데, 대부분의 경우에 상대방 남성의 가족들이 모두 나서서 반대를 한다. 아이까지 딸린 이혼녀라면 더 말할 나위가 없다. 그 사람에 관해 알아볼 생각조차 하지 않고 반대부터 하는 부모가 대부분인 것이다.

이혼 후 혼자 잘 살기 위한 준비

　이혼은 흉이 아니지만 그렇다고 해서 자랑하고 내세울 것도 아니다. 아직은 사회적인 편견의 굴레 안에 있는 것이 현실이다. 하지만 남이 내 삶을 대신 살아주는 것은 결코 아니다. 이제, 남의 눈치를 볼 것이 아니라 스스로 신중히 결정하고, 차분한 태도를 유지하는 일이 필요하다.

　다음 사항들을 참고하여 주변 시각이나 반응과는 무관하게 스스로 해야 할 일들을 찾아서 하면 이혼 후의 암담한 시절을 짧게 하는데 도움이 될 것이다.

① 불행에서 벗어났다는 긍정적인 생각을 하자!

불행한 가정을 유지할 것인가, 행복한 가정을 만들 것인가를 고민하고 결단을 내렸기에 현재 홀로 서 있는 것이다. 말하자면 이미 이혼한 당신은 이혼한 상태가 훨씬 행복에 가까운 것이다. 불행한 결혼생활을 그대로 끌고 가고 있었더라면 당신은 지금보다 훨씬 더 불행할 것이고, 여전히 헤어질 것인가 참고 살 것인가에 관해 갈등을 하고 있을 것이기 때문이다.

이혼하고 독신이 되어 맞이한 다음 생활에서 제일 중요한 것은 현재 자신에게 닥친 현실을 좋은 쪽으로 생각하고, 사물의 밝고 긍정적인 쪽을 보려고 노력하는 자세이다.

그 무엇보다도 중요한 것이 바로 긍정적인 사고방식이다. 어떤 문제가 생기건 그것을 부정적으로 생각할 때와 긍정적으로 생각할 때, 그 문제를 바라보는 시각은 180도로 바뀔 수 있다. 시각이 긍정적이면 대처 방법도 훨씬 능동적으로 된다. 가능한 밝고 좋은 면만을 생각하려는 노력을 해야 당당하게 살아갈 수 있다.

② 자기 개발을 함으로써 상처받은 마음을 회복하고 자신감을 불어넣자!

자신을 부정하지 말고, 자신감을 갖고 자신을 좋은 사람으로 생각하려는 노력이 중요하다. 그러기 위해서는 상처받은 마음을 회복하는 것이 필요하다. 육체에 밤이라는 휴식이 필요한 것처럼 마음에도 휴식이 필요한 것이다.

명상이나 운동을 해도 좋고, 같은 경험을 한 사람과의 모임을 가지면서 수다를 떨어도 좋고, 새로운 취미를 가짐으로써 생활에 활력을 불어넣어도 좋고, 훌륭한 분을 찾아가 멘토링을 받아도 좋다.

회복을 통한 자아개발은 자신감을 함양시켜 준다. 정기적인 운동을 통해 건강해지려고 노력하면서 스트레스를 해소하려는 노력을 게을리 하지 않는 것도 자신감을 키우는 데 도움이 된다.

③ 앞으로 혼자 살아가야 한다는 것에 대해 두려움을 갖지 말자. 어차피 인생은 누구나 혼자다!

이혼을 하면서 겪는 가장 큰 변화 중 하나는 이제부터는 내가 내 자신을 책임져야 한다는 것이다. 정신적인 부분은 물론 경제적인 면에서도 독립적인 생활이 필요하다.

직업을 갖거나 새로운 기술을 배우는 것은 경제적 자립을 위한 첫걸음이 될 수 있다. 이와 마찬가지로 정신적으로도 너무 다른 사람들에게만 의지하지 말고 자기주관을 가지고 모든 일을 결정하는 버릇을 길러야 한다.

④ 능동적인 태도로 고립 생활에서 벗어나자!

이혼하자마자 자신감을 가지고 긍정적인 사고방식으로 전환하는 것은 아무리 강한 사람이라 할지라도 어려운 일이다. 나 자신은 변한 것이 없는데도 '이혼했다'는 사실 때문에 자기도 모르게 사람들을 피하게 되기 쉽고, 자칫하면 주위사람들의 시선이 두려워서 자신만의 세계에 갇혀서 고립된 생활을 하기가 쉽다.

그러나 그것은 이혼의 상처를 회복하는 합리적인 방법이 아니다. 고립된 생활은 건강한 사람조차도 우울하게 만드는 법이다. 앞날을 정확히 알 수 없는 커다란 결정을 내린 직후에 '자기만의 우물' 속으로 들어가는 것은 절대 삼가야 할 일이다.

다른 사람들과의 관계에서 수동적인 태도를 유지하는 것은 자칫 우울증을 유발시킬 수 있다. 건전한 대인 관계를 위해 능동적으로 노력해야 한다. 가능하면 많은 사람들을 접하고 새로운 삶의 정보 등을 얻는 능동적인 생활을 해야 상처를 빨리 잊을 수 있고 생활에도 탄력과 균형을 유지할 수 있다.

먼저 자녀들이나 주위 가족들과 함께 하는 시간을 늘리고, 이혼 회복모임에 참여하여 이미 이혼경험과 그 상처를 극복한 사람들과 대화를 나누는 것이 좋다.

⑤ 전 결혼생활을 잘 정리하고 과거에 미련을 갖지 말라.

기분 좋게 헤어졌을 리도 없고, 좋아서 헤어졌을 리도 없다. 그러나 새로운 길을 선택한 이상 누가 잘못했고 배신했는지를 가지고 오래 생각할수록 자신에게 해가 된다. 이혼 후 갖고 있는 원망은 자신을 황폐하게 만들기 때문에 전 관계에 미련이나 집착을 가져서는 안된다.

그러나 지난 결혼생활을 결산해볼 필요는 있다. 무엇 때문에 결혼에 실패했는지, 혹 나에게 더 많은 문제가 있지는 않았는지, 결혼 생활의 문제가 아니라 내 자신의 문제는 아니었는지 분석해보고 확실히 정리해야 상처를 빨리 잊고 홀로 설 수 있다. 가족관계 정리와 재산정리 못지않게 감정의 정리도 중요하다.

⑥ 재혼을 서두르지 말자!

이혼은 결혼의 실패일 뿐이지, 인생의 실패는 아니다. 이혼한 사람들은 한번 실패했다는 생각 때문에 이를 얼른 회복해보려고 재혼을 서두르는 경향이 있다. 우리나라 사람들이 이혼하고 재혼하기까지 걸리는 시간은 평균 2년 정도라고 한다. 그러나 이혼하고 나서 적어도 3년은 지나야 전 혼인과정의 잘잘못을 객관적으로 볼 수 있다고 한다.

그 이전에 '결혼을 위한 결혼'을 서두르다 보면 같은 실패를 반복할 위험이 있다. 실제로 서둘러 재혼하는 사람이나 이혼 후의 외로움을 위로해 주는 사람과 사랑에 빠져 빠른 시간 내에 재혼한 사람을 보면 새 배우자와 이전 배우자가 비슷한 성향의 사람인 경우가 많다.

전 남편의 학대를 견디지 못해 이혼한 사람이 또 폭력을 사용하는 사람과 만나고, 배우자의 경제적인 무능력을 견디지 못해 이혼한 사람의 배우자가 또 직장을 쉽게 그만두고 무능력한 남편이 되어버리곤 하는 경우를 많이 보게 되는 것이다.

자기도 모르게 남자를 보는 눈이 고정되어 있고, 그 관점을 바꾸지 못한 상태에서 새로운 사람과 결합해 버리기 때문인 것으로 보인다. 전 결혼생활이 길수록 회복 기간도 길어야 한다. 보통 결혼생활 5년에 1년 정도의 회복기간이 필요하다고 한다.

무엇이 잘못되어 원만한 결혼생활에 실패했는지, 새로 이룰 가정은 어떻게 꾸려야 할지를 충분히 검토하고 재혼해도 늦지 않다. 이혼의 원인을 확인하지 않은 채 재혼을 서두르면, 자신의 감정에 치우쳐 재혼상대를 객관적으로 보는 게 아니라 자신이 찾는 점만 볼 수 있다.

이혼 후의 외로움과 허전함 때문에 옆에 있어주는 것만으로도 쉽게 의지가 되어 좋은 사람이 아닌데도 받아들여 또다시 이혼의 위기를 맞을 수 있기 때문이다.

⑦ 자녀문제를 잘 해결해야 한다.

앞에서도 여러 번 언급했다시피 부모가 이혼하면 아이들도 부모들 못지않은 스트레스와 상처를 받는다. 그런데 이런 성향은 부모가 이혼했다는 사실보다도 부모가 이혼과정에서 서로를 괴롭히고 상대방에 대해 아이들에게 부정적인 인식을 심어줄 때 더 심화된다.

물론 이혼당사자들도 힘든 상황이기 때문에 자녀의 심리까지 보살필 여유가 없기도 하지만, 어른들보다는 성장기의 자녀들이 부정적인 영향을 장기적으로 받곤 한다. 따라서 자녀들에게 반드시 이혼과 이혼으로 인해 달라지는 상황에 대해 이해시키고, 부모가 이혼해도 자녀관계는 변함이 없다는 점을 주지시켜야 한다.

"엄마와 아빠가 더 이상 함께 살 수 없는 사정이 생겨서 헤어지게 되었지만, 그것은 절대로 너희 탓이 아니고 엄마 아빠는 너희들을 변함없이 사랑하며,

너희들과의 관계도 변하지 않는다."라는 말을 꼭 해줘야 하는 것이다.

부부는 이혼으로 정리가 되지만 부모, 자식 간은 서류로 정리되지 않는다. 한쪽 부모만 선택해서 살게 되는 것이 다른 쪽 부모에 대한 배신이 아니라는 사실도 이해시켜야 한다. 또 같이 살지 않는 엄마, 아빠와 어떻게 만나야 하는지도 말해줌으로써 자녀들 나름의 행동방식을 깨우칠 수 있도록 해주어야 한다.

⑧ 조언을 받을 수 있는 친구를 반드시 남겨두어라.

당당한 이혼은 있지만, 처음부터 당당한 이혼 생활은 없다. 아무리 사회가 바뀌었다고 해도 여전히 이혼에 대한 사회의 눈초리는 다소 차가운 것이 사실이다. 이혼과정에 자신의 잘못이 없이 당당하게 혼자 사는 삶을 선택했더라도 자기 자식이 "그 애는 부모가 이혼했으니까 앞으로 그 애랑 놀지 마라."는 식의 따돌림을 받으면 마음이 아프고 비참할 수밖에 없다. 게다가 시간이 지나면서 전 배우자에 대한 배신감과 분노에서 벗어나면 외로움이나 좌절감에 시달리기 쉽다.

이럴 때 조언자가 반드시 필요하다. 이혼할 때 반드시 한두 사람에게 마음을 터놓고 지지를 구해서 내 편을 만들어야 한다. 내편이 된 사람들은 이혼 후에도 좋은 조언자와 친구가 되어주기 때문이다.

⑨ 시간이 많을수록 시간 관리를 잘해야 멋진 미래가 다가온다.

이혼을 하고 나면 당장 혼자 쓸 수 있는 시간이 많아진다. 그간 가사와 자녀 양육에 매여 있던 시간이 고스란히 혼자 보내고 관리할 수 있는 시간으로 남기 때문이다. 그래서 그 시간을 잘 활용해서 미래를 위한 투자를 하면 성공할 수 있지만 자칫 절망감이나 무기력에 빠져 시간 관리를 제대로 하지 못한다면 생활이 나태해지거나 무질서해질 수 있다.

규칙적으로 일어나서 잠자리에 들고, 하루 3끼 식사시간을 제대로 지키며, 사람들과의 약속시간을 지키는 것 등은 기본이고, 자신을 위한 여가시간, 남을 위해 쓰는 시간 등 하루의 시간 관리를 분명히 해서 자기관리를 해야 한다. 자신이 할 수 있는 일을 찾아서 그에 대한 투자를 통해서 경제적으로나 사회적으로 당당해질 수 있도록 해야 한다.

⑩ 아이에 대한 친권이나 양육권이 없다고 해도 면접교섭권을 포기하지 마라.

비록 아이들과 같이 살지 않더라도 여전히 아이의 엄마, 아빠라는 지위에는 변함이 없다. 전 배우자가 아이를 만나는데 비협조적이라 할지라도 아이를 볼 수 있는 권리인 '면접교섭권'을 결코 포기하지 마라.

힘이 들더라도 자신의 미래뿐만 아니라 아이의 정서에 미칠 영향을 고려해서라도 절대 이 부분을 포기해서는 안 된다.

이혼녀와 이혼남

결혼기간이 고통스러웠고 이혼의 과정이 힘들었던 사람들일수록 이혼 후의 생활에 대한 환상이 더 많이 있기 마련이다.

이혼하기만 하면 다음날 떠오르는 태양은 어제 그 태양보다 더 밝고 환할 것으로 생각되는 것이다. 하지만 불행하게도 이혼은 희망이 아니라 먹구름에 가까우며 또 다른 고통을 돋아나게 하는 씨앗이 되기 쉽다.

시간이 지날수록 점점 더 앞날이 어두워지는 경우도 얼마든지 발생할 수 있다. 하지만 어느 쪽이든 결국은 자기 할 탓이다. 앞에 열거한 사람들처럼 이혼 후의 생활이 훨씬 더 만족스러운 사람들도 많다.

이혼의 형태는 그야말로 각양각색이다. 전 재산을 위자료고 주고 몸만 겨우 빠져나온 친구가 있는가 하면 위자료 한 푼도 못 받고 아이만 떠맡은 경우도 있고, 제법 풍요로운 생활을 할 수 있을 만큼의 재산과 위자료, 양육권까지 챙기는 경우도 있다.

하지만 이혼한 사람들은 대부분 다른 사람의 이혼에는 부정적이다. 이혼은 죽어도 하지 말라, 고 하는 사람들이 많은 것이다.

이혼한 사람들은 대부분 분위기가 어둡다.

특히 남성들의 경우 여성들보다 더 내성적이고 소극적인 경우가 많다. 자신감이 상당히 결여되어 있는 경우도 많은데, 특히 전 결혼상대가 기가 센 여성이었을 경우 이런 성향이 더 두드러진다.

'수다' 라는 무기를 가지고 있는 이혼녀들의 경우 이혼남들보다는 활발한 편이지만 이혼 사실을 숨기려고 한다. 이혼녀라고 하면 괜히 무시하는 듯한 태도를 보이는 사람들, 자신이 유부남인 것도 잊고 데이트 신청과 작업에 들어가는 남성들, 여성의 적은 여성, 특히 유부녀의 적은 이혼녀라고 생각하고 괜히 적개심을 보이는 사람들 등 다양한 부류가 세상에는 존재하기 때문이다.

이혼녀들은 재혼을 원할 때 심리적으로 남자의 외모보다 능력이나 경제력을 보는 반면, 이혼남들은 여전히 여성의 외모에 관심이 많다. 이혼남들은 자신의 나이와 상관없이 '외모가 뛰어난데다가 가능하면 나이가 어린 여성' 을 원한다. 또 이혼한 아내와 상반된 사람을 찾으려고 하는 성향이 있다.

새로운 여자를 사귀고 새 결혼생활을 꾸리는 데 있어서 이혼남들은 자신이 이혼남이라는 사실을 어느 정도 감수하고 들어가는 경향이 있다. 이전 배우자보다 여러 모로 조건이 나빠도 아이들에게 좋은 엄마, 좋은 아내가 될 것 같으면 결혼을 하려고 한다.

물론 집안 살림을 꾸려갈 여자가 필요하다는 현실적인 고려도 충분히 감안했을 것이다.

그런데 이혼 후 재혼을 하려는 여성들은 더욱 까다로워져 상대적으로 재혼이 힘들다. 미국의 경우에도 초혼 이혼율이 40%인데 비해 재혼 이혼율은 70%라고 한다.

이혼율이 높아진 원인 가운데 가장 혁혁한 공을 세운 것 중의 하나가 인터넷 사이트의 활성화와 휴대전화의 보급이다.

한국가정법률상담소가 집계한 이혼 사유 항목 가운데 인터넷 중독으로 이혼한 사람들, 인터넷 중독으로 인해 부부 사이가 나빠진 것이 이혼 원인이 된 경우도 적지 않게 있었다. 채팅으로 남녀가 만나는 일이 쉬워지면서 인터넷이 탈선을 부추기기도 한다.

그런가 하면 이혼의 절차를 돕고 이혼 이후의 생활의 길잡이 역할을 하기도 한다. 검색 사이트에서 이혼관련 사이트를 검색해 보면 수십 개가 올라온다.

"이혼하고 4년 동안 공황상태를 겪을 정도로 안정을 찾지 못했어요. 매일 술독에 빠져서 지냈죠. 내 인생이 실패한 것 같아 자괴감에 시달렸지요. 누군가 이끌어줬더라면 쉽게 이길 수 있었을지도 모르죠. 제 경험을 살려 이혼한 사람들이 빨리 제 생활을 찾는데 도움을 주고자 사이트를 개설했습니다.

결혼을 준비할 때 어떻게 해야 한다, 결혼해서 어떻게 해야 한다는 교육을 받지 못하고 결혼했듯이 이혼하고 나니까 어떻게 살아야 할지 모르겠더군요. 정말 너무 답답했어요.

이혼하면 너무도 많은 문제가 다가옵니다. 남자가 혼자 아이를 키우려면 힘든 부분이 너무 많아요. 이런 사이트가 많아지는 것도 좋겠지만 국가적인 시스템이 마련되어야 한다고 봅니다. 그리고 어릴 때부터 올바른 결혼관을 가르치는 게 중요합니다.

우리나라는 결혼을 가족 대 가족이 하는 것으로 생각하는데 부부가 되면 독립법인으로 인정해 주어야 합니다. 본사와 유대관계는 있어야하겠지만 둘이 살도록 내버려두는 게 가장 좋습니다."

자신이 이혼을 한 후 조언을 구하려고 인터넷을 검색하다가 인터넷에서 이혼 관련 사이트를 운영하게 된 N 씨의 말이다.

이혼 관련 사이트를 잘 이용하면 비슷한 처지에 놓인 사람들을 만나 위로를 얻거나 비슷한 상황을 이겨온 선배들의 조언과 충고에 힘입어 더 빠른 안정을 찾을 수 있다.

이혼경력을 호적에서 삭제할 수 있을까?

이혼한 사람들 특히 여성들이 새 삶을 시작하고자 할 때 호적에 나타나 있는 이혼경력을 없애고 싶을 것이다. 자신의 이혼경력이 마음에 큰 상처로 남는 것으로 그치지 않고 호적에 까지 남아 재혼 후에도 상처를 건드리기 때문이다.

그렇다면 이혼경력을 호적에 나타나지 않게 할 방법은 없는 것일까? 아니면 100% 확신을 주지 못하는 결혼 상대가 혹시 이혼경력이 있는지를 알아볼 수 있을까?

대답은 Yes! 이다. 여성의 경우 호적에 이혼경력이 나타나지 않게 할 수 있다. 다음에 제시하는 방법과 순서로 호적을 바꾸면 주소지에서 호적등본을 떼어 볼 경우 이혼경력이 나타나지 않게 할 수 있다. 즉 전적신고를 하면, 원래의 호적상 주소지에 이혼한 경력이 전혀 나타나시 않는 호적을 가지게 되는 것이다.

그러나 남자의 경우 출생 신고 된 자녀가 호적에 있다면 이혼경력이 없어지더라도 자녀가 있다는 사실은 언제까지나 남게 되므로 결혼했던 사실을 호적상에서 없앨 수는 없을 것이다.

자녀가 자신의 호적에 아들 또는 딸로 등재되어 있는 남성의 경우 호적에서 이혼경력을 완전히 없애는 일은 불가능한 것이다.

그러면 여성이 이혼하고 친가로 복적復籍했을 경우에 어떻게 이혼 경력을 호적에 나타나지 않게 할 수 있는지를 알아보자. 절차는 다소 복잡하지만 꼭 이혼경력을 호적에서 없애서 원만한 새 가정을 이루고자 할 때는 한번 시도해볼만 하다.

일단 친정호적의 본적지를 바꾸고(전적신고) 나서 분가신고를 한다. 그리고 다시 한 번 친정호적을 전적하면 된다. 그렇게 되면 완벽하게 친정 호적에 있던 이혼경력까지 사라지게 되는 것이다. 그 방법을 순서대로 자세히 설명하면 다음과 같다.

▌ 먼저 친정 호적등본 2통과 전적신고서 2통을 주소지나 친정 본적지 구청 등에 제출하여 친정호적(본적)을 바꾼다.

그렇게 하면 '결혼으로 친정호적에서 말소된 사실'과 '이혼으로 다시 친정 호적에 되돌아 온 사실'을 기재한 내용은 없어지게 된다.

▌ 그러나 이렇게 본적을 바꾸어도 이름 옆의 '전호주' 란에는 여전히 전남편의 본적과 호주 이름이 나타난다.

다만, 이 상태에서 재혼을 하게 되면 전남편과 관련된 기재는 전혀 나타나지 않는다.

▌ 친정의 본적지를 바꾼 상태에서 다시 자기가 단독호주로 분가신고를 하면, 분가된 새 호적에는 전호주란에 친정아버지의 본적과 호주이름이 나타나게 된다.

따라서 새로 분가(일가창립)한 호적에는 전남편이나 이혼과 관련된 사항은 어디에도 나타나지 않게 되는 것이다.

▌ 이때 일가창립을 하려면 호적등본 2통과 분가신고서 2통을 제출하여 자기를 단독호주로 분가신고하면 된다.

재혼을 하게 되면 일가 창립한 호적이 없어지면서 이혼경력이나 전남편의 이름 등이 완전히 없어지고, 재혼할 남편의 호적에는 전남편과 관련된 기재가 전혀 따라 오지 않는다.

▌ 그러나 친정호적을 발급 받으면 여전히 일가창립 하기 전의 자기 호적이 그대로 남아 있으면서 분가를 원인으로 말소되어 있다.

따라서 말소된 자기 이름 옆의 '전호주' 란에 전남편의 본적과 호주이름이 나타난다. 이를 없애려면 친정의 본적을 다시 한 번 전적신고를 하면 된다.

그렇게 되면 일가 창립된 자기의 호적이 완전히 없어지면서 전남편과 관련된 내용이 모두 없어지게 된다.

과부효과

'과부효과' 란 남편이나 아내가 먼저 세상을 떠난 후 남은 과부나 홀아비가 일찍 사망하는 현상을 말한다.

미국 하버드대의 니컬러스 크리스타키스 교수팀의 연구결과에 의하면 배우자가 먼저 사망한 사람이 배우자 사망 후 9년 이내에 사망할 확률이 배우자가 살아있는 사람보다 16~18%나 증가한다.

특히 아직까지 성에 따른 역할 구분이 뚜렷한 우리나라의 경우 배우자가 사망한 남성들의 과부효과는 무시할 수 없다. 밥부터 빨래까지 가사노동을 아내에게 전담시키던 남편의 경우 심지어 '물 떠오라' , '재떨이 가져오라' 는 심부름까지도 해주던 아내가 옆에서 사라지면 앞이 캄캄할 것은 자명한 사실이다.

그렇다고 요즘 며느리들이 과거의 며느리들처럼 고분고분하게 온갖 시중을 들어줄 리가 없다. 반면 여자들은 노동력이 있는 한 혼자 남아도 별다른 불편이 없다. 홀로 된 여자는 혼자 살아도 홀로 된 남자는 혼자 살기 어려운 것이다.

우리나라 남녀의 평균수명이 9살이나 차이가 나는 데는 이런 연유도 한몫 할 것이라는 생각이다.

지난해 한국여성개발원이 20대에서 70대에 이르는 1,961쌍의 부부를 대상으로 실시한 '가족실태보고서' 에 의하면 남편들이 가사노동에 있어서 얼마나 아내에게 의지하고 있는지를 알 수 있다. 남편보다 아내의 가사노동 횟수가 최고 15배까지 많게 나타난 것이다. 게다가 이런 현상은 나이가 많아질수록 더 심화되는 것으로 나타났다.

아내를 잃고 불쌍한 모습으로 과부효과의 증거로 남고 싶지 않은 남편들이여, 지금부터라도 가사노동에서 즐거움을 찾아보는 것이 어떨까? 요즘에는 아내를 직장으로 내보내고 전업주부로 남는 남성들도 간혹 있는 형편인데다, 운동도 되고 아내에게 인기도 얻고 자신의 수명까지 늘리는 일이니 그야말로 일거양득이 아닐 수 없다.

굳이 일방 배우자가 사망한 후에 드러나는 과부효과까지 들먹이지 않더라도, 이혼 후 남성 또는 여성이 혼자 사는 것은 참으로 고통스럽고 많은 절제를 필요로 하는 자신과의 싸움이다. 게다가 성생활의 파트너가 없어짐으로써 생기는 생리적인 고통도 시시때때로 엄습할 것이다.

이혼할 때야 마음만 먹으면 금방이라도 새로운 사람을 만나 사귈 수 있을 것 같지만, 이미 생활의 터전이 정해지고 또래의 주변 사람들이 거의 유부남 유부녀인 상황에서 결격사유 없는 사람을 만나 무리 없이 사귀는 것은 결코 쉬운 일이 아니다.

자칫 상대를 잘못 만나면 불륜이라는 원치 않는 상황이 될 수도 있고, 이런저런 농락만 당하고 상처만 입을 수도 있다. 가볍게 만나는 것이 아니라 재혼까지도 고려하는 진지한 만남을 바란다면 더욱 힘들어진다.

좋은 사람이 있으면 재혼하려는 의사가 있는데도 불구하고, 이혼 후 5년 혹은 10년이 지나도록 아무와도 교제를 하지 못하는 사람도 많다. 전혼에서의 실패로 이성에 대한 믿음이 상실된 영향도 있고, 이혼녀 혹은 이혼남이라는 것이 자신의 약점으로 작용하기 때문이기도 하다.

아이가 있는 경우에는 상태가 더욱 심해진다.

혼자서 감당해야 하는 아이의 보호자 역할이 버겁기도 할 뿐만 아니라, 아이까지 딸린 이혼남 이혼녀들의 조건은 여러 배우자 조건 가운데서 최악에 해당하는 것이다.

다행히도 외로움, 허전함, 상실감 등의 감정은 세월이 흐를수록 무뎌진다. 내가 선택한 상황이기 때문에 스스로 감당하고 즐기겠다는 적극적인 사고방식을 갖는 것이 좋다.

사람은 어차피 혼자다. 그리고 생각해 보라. 혼자여서 외로운 것은 적어도 남편이 있는데도, 혹은 아내가 있는데도 외로운 것보다는 훨씬 낫지 않은가!

4_좋은 사람이 나타났어요

같은 실패를 하지 않도록 주의하라

사랑하는 사람이 있어서 그와 맺어지기 위해 이혼하는 경우가 아니라면, 이혼할 당시에 다시 재혼하고 싶어지리라고 생각하는 사람은 별로 없을 것이다. 그러나 이혼이나 사별을 경험한 많은 사람들이 시간이 흐르면서 과거에서 벗어나게 된다. 그때 새로운 사람이 마음속에 들어오면 미래에 대해 계획을 세우면서 재혼도 생각해 보게 되는 것이다.

결혼하는 네 쌍 중 한 쌍이 재혼 커플이라는 사실은 앞에서도 언급한 바 있다. 당연히 이혼 후의 새 출발에 재혼이 중요하고도 당당한 자리를 차지해야 하는 것은 말할 것도 없다. 적절한 사람을 만나 안정적인 가정을 가질 수 있다면 이혼 후 아버지와 어머니를 동시에 가질 수 없었던 자녀들에게도 정서적인 안정감을 줄 수 있으니 금상첨화이다.

사람들이 재혼을 선택하는 이유는 초혼에서의 결혼사유와 유사하다. 하지만 재혼은 초혼과 달리 그리 간단한 문제가 아니다. 특히 자녀를 둔 사람은 구애과정에서부터 어려움을 겪는 경우가 많다. 게다가 전 배우자와의 갈등으로 인한 이혼 경험은 재혼을 결정하는데 걸림돌이 되기도 하고, 재혼 상대자에 대한 지나친 기대로 이어져 재혼생활의 적응을 어렵게 만들기도 한다.

그렇다고 해서 재혼이 어렵고 힘들기만 한 것은 아니다. 행복한 재혼생활은 얼마든지 가능하지만 초혼과는 달리 두 가정 이상의 결합이 이루어지므로 보다 깊고 신중한 고려와 합의가 필요한 것이다.

재혼을 생각하는 커플들은 결혼생활에 대해 막연한 환상을 가지고 있는 초혼커플과 달리, 이미 결혼생활의 실패를 경험한 사람들이다. 따라서 재혼생활에 대해 구체적인 이상과 희망을 나름대로 지니고 있으므로, 두 사람이 결혼생활에 대한 서로의 생각을 대화를 통해 분명히 밝혀두고 미리 조율하는 것이 충돌을 피할 수 있는 좋은 방법이다.

예를 들어 이전 결혼생활에서 가사노동의 분담문제로 남편과 갈등이 있었던 아내의 경우 재혼생활에서는 남편이 가사노동에 적극적으로 참여하기를 원할 것이다.

무뚝뚝한 상대와의 생활이 힘들었던 사람은 새로운 배우자는 자상하고 부드러운 사람을 원할 것이며, 상대방의 외도 때문에 결혼생활에 실패를 겪었던 사람은 가정에 충실한 사람을 최우선으로 생각할 것이다. 이전의 결혼생활을 지속하기 힘들게 했던 가장 큰 불만 사항이 재혼생활의 가장 커다란 희망사항이 되는 것이다. 하지만 미리 이 부분에 대하여 대화나 합의가 이루어지지 않는다면 재혼생활에서도 같은 문제가 발생할 수 있다. 이러한 갈등을 최소화하기 위해 미리 희망사항 리스트를 작성하여 서로 교환하는 것이 바람직하다.

서둘러 한 재혼은 실패하기 쉽다

재혼은 절대 서둘러서는 안 된다. 마음과 시간의 여유를 가지고 천천히, 상대를 잘 파악해가면서 준비해야 한다. 초혼 때는 열정만으로도 결혼이라는 불속으로 뛰어들어도 그 열정이 결혼생활을 지탱하는 큰 힘이될 수 있다. 두 가족의 만남이라는 결혼 자체의 틀은 벗어나지 못하지만 최소한 전 결혼으로 인한 친인척, 전남편, 아이들에 관한 문제들이 얽혀 있는 재혼 때보다는 훨씬 결과가 단순하기 때문이다.

그러나 재혼은 처음부터 많은 사람들과 여러 가지 감정이 뒤섞이게 마련이다.

특히 자녀가 있는 경우 배우자와 자녀가 잘 적응할 수 있을 것인지의 문제, 배우자에게도 자녀가 있는 경우 두 자녀간의 관계는 원만하게 될지의 문제, 재혼으로 인해 아이의 친권을 빼앗기지는 않을까 하는 걱정, 부모님과의 문제 등 복잡한 많은 문제들이 발생하는 것이다.

두 사람의 재혼으로 인해 이전에는 전혀 남이었던 숱한 사람들이 아주 가까운 관계가 될 것이므로, 이렇게 연결된 사람들 모두에게 앞으로 일어날 변화에 익숙해지기 위한 시간이 필요하다.

새 술은 새 부대에 담는 것이 좋다

재혼을 할 경우 이혼하여 각자 혼자 살고 있던 집에서 그대로 생활을 시작해도 큰 무리가 없지만, 가능하면 새로운 곳에서 새롭게 시작하는 것이 좋다. 예전 사람의 혼적이 남아있는 곳에서 살게 되는 상대방의 감정을 배려해서도 그렇고, 새로운 마음가짐으로 다시 출발한다는 본인의 마음가짐을 위해서도 그렇다.

사정이 여의치 않아서 새로 집을 짓거나 이사를 할 수 없는 경우에는 최소한 집의 구조를 바꾸거나 가구나 벽지를 바꾸는 등의 변화를 주는 것이 좋다. 가능한 범위에서 내용물을 고치면 훨씬 더 새로운 '우리 가족 집'처럼 느껴질 수 있을 것이다.

재혼한 여성들의 경험에 의하면, 원래의 집을 거의 완전히 고쳐서 살았음에도 불구하고 후에 새로 집을 구해 살게 되었을 때 너무나 큰 해방감과 기쁨이 느껴졌다고 한다.

새로운 가족이 구성되고 새로운 생활이 시작되는 공간이므로, 과거로부터 비교적 자유로우면서도 현재와 미래에 초점을 맞춘 새로운 환경이 필요하다. 새 술은 새 부대에 담으라는 말은 술에만 해당하는 이야기는 결코 아닐 것이다.

자신의 기분에만 젖지 말고 자녀들의 기분을 충분히 배려하라

결혼을 결정한 두 사람은 행복한 꿈을 꾸겠지만 자녀가 있는 경우 이들은 불안과 분노 혹은 자기만이 홀로 남았다는 허무감에 빠져있기 쉽다. 함께 살지 않았어도 어머니와 같이 살았던 아이는 아버지에 대한 그리움이, 아버지와 살았던 자녀라면 어머니에 대한 그리움이 있는 것이다.

따라서 새 사람과 새롭게 시작하는 어머니나 아버지에 대해 섭섭하고 배신감을 느낄 수 있다. 새 생활에 대해 불안하고 궁금하기도 할 것이다.

그렇다면 아이들의 이러한 감정은 어떻게 대해야 할까? 먼저 아이들의 궁금증에 대해 안심을 시켜주어야 한다.

새로운 생활과 관련하여 정할 수 있는 사항은 미리 정해두면 앞으로의 일을 어느 정도 예상할 수 있으므로 아이들의 마음도 보다 안정될 수 있을 것이다.

또한 자기 부모를 다른 사람과 나눠가져야만 한다는 사실로 인한 상실감에 대해서는 충분한 대화와 사랑의 표현을 통해 아이의 감정을 공감해주고 안심시켜주어야 한다.

아이들을 부모의 결혼식에 참여시켜라

자녀가 없는 경우에는 초혼과 마찬가지 형식으로 결혼식을 올리는 것이 당연하다. 하지만 자녀가 있는 경우에는 결혼식 계획을 짤 때부터 자녀가 함께 참여하도록 하는 것이 좋다.

결혼식에서 아이들이 부모에게 꽃다발을 전달하게 한달지, 하는 식으로 아이의 연령에 맞게 역할을 부여해주는 것이 좋다.

아이들은 부모의 결혼식에 참석하여 그 과정에 동참함으로써 자신이 새로운 가족의 일원이 되었다는 사실을 실감하고 새로운 가정을 현실로 받아들이게 된다.

재혼생활의 질을 좌우하는 가장 중요한 요인은 부부관계임을 명심하라

성공적인 재혼생활을 위해서는 부부가 중심에 있어야 하고, 그러기 위해서는 재혼 전부터 파트너와 튼튼한 팀워크를 형성해야 한다.

재혼생활에서 우려되는 문제들에 대하여 결혼 전 파트너와 솔직하게 충분한 대화를 나누고, 재혼 후에도 부부간의 대화와 공동 의사결정 및 함께 보내는 시간을 많이 갖는 것이 필요하다.

재혼 대상으로는 비슷한 점이나 경험을 가진 사람이 더 나을 수 있다

재혼은 초혼과 성격이 다르기 때문에 부부 중 한 쪽만 재혼인 경우보다는 둘 다 재혼인 경우가 경험적 공유나 동병상련의 측면에서 유리할 수 있다.

서로에 대해 이해관계의 폭이 넓어질 수 있는 것이다. 성격이나 배경의 유사성도 매우 중요한 요인이다.

재혼으로 인해 하루아침에 행복해질 수는 없다

재혼을 통하여 전혼의 실패를 보상받으려 한다거나, 재혼 후 빠른 시기에 가족들이 적응하고 이상적인 가정이 되리라는 헛된 기대는 당신을 포함하여 모든 가족원들에게 심리적 부담이 된다.

재혼 전에 두 사람이 서로 기대하는 바와 한계에 대해서 충분히 대화를 나눔으로서 현실을 이해하는 것이 필요하다.

멘토를 가져라

재혼에 대한 편견 때문에 가족이나 친지와 소원한 관계를 유지하는 것은 더욱 고립된 생활을 초래할 뿐이다. 부모나 가족은 가장 좋은 지원자이다. 어려울 때 도움도 청하고 자주 왕래하라.

고민이나 혼자서 해결하기 어려운 문제는 전문 상담기관을 찾는 것도 좋다. 자신의 모든 문제를 듣고 사려 깊게 조언해 줄 수 있는 멘토가 반드시 필요하다.

끊임없는 관심과 노력만이 성공적인 재혼생활을 가져 준다

건강한 재혼가족이 되기 위해서는 가족원들이 서로 솔직해야하며, 끊임없는 배려와 대화가 필요하다.

재혼가족은 초혼가족과는 성격이 다르다. 재혼은 가족을 재구성함으로써 손상된 가족 기능을 회복하고 가족의 건강과 행복을 새롭게 도모할 수 있다는 점에서 긍정적이지만, 가족의 역할에 혼란이 일어나고 이전의 결혼과 관련된 죄책감이나 슬픔을 겪으며 계부모와 계자녀간의 애정 형성에도 어려움이 있는 등, 재혼가족만이 다루어야 할 많은 과업이 있다.

따라서 성공적인 재혼생활을 위하여는 초혼보다 더 많은 노력이 필요하다. 재혼에 대한 비현실적인 기대를 버리고 재혼으로 인하여 나타나는 변화를 인정한다.

재혼 후 자녀를 출산하는 문제는 신중히 결정한다

계부모역할에 대해 남편과 아내는 서로 합의하고 일관성 있게 양육하는 것이 필요하다. 결혼은 끝나도 부모의 역할은 남는다는 점을 명심한다. 자녀에게 있어 같이 살지 않는 친부모가 현실 또는 기억 속 어디에든 있다는 사실을 인정해 준다. 성공적인 재혼생활은 모든 가족들의 노력으로 이루어진다.

둘 다, 혹은 부부 일방에게 자녀가 있는 경우에, 재혼 후 새로운 자녀를 출산하는 문제는 신중히 결정해야 한다. 신데렐라, 콩쥐팥쥐 등 숱한 이야기들에 계부모들이 등장하는 것은 이유가 있다.

아무리 한 가족으로 재편되었다지만 자신의 아이와 새로 생긴 아이는 감정이 틀릴 수밖에 없다.

하물며 두 사람 사이에 새로운 아이가 생긴다면 가정의 균형에 여러 가지 균열이 생길 수 있다. 사전에 충분히 협의하고 아이들과도 의견을 교류한 다음에 새로운 식구를 만들 것인가를 결정해야 할 것이다.

5_성공적인 재혼가정의 특징

성공적인 재혼가정의 특징

재혼을 한 많은 사람들이 초혼에 비해 더 행복하다고 한다. 재혼은 비교적 정서적으로 성숙한 상태에서의 결혼이므로 적응력이 높고, 초혼에서 얻은 교훈을 토대로 결혼생활을 시작하므로 결혼생활에 대한 만족감은 더 클 수 있다.

하지만 재혼이 초혼에 비해 초기 이혼율이 다소 높은 경향이 있다. 이는 재혼에 들어가기에 앞서 조율하고 고려해야 하는 단계를 충분히 거치지 않았기 때문일 것이다.

이미 결혼생활을 해 본 경험이 있기 때문에 결혼생활의 긴장이나 갈등을 잘 처리할 수 있을 것 같지만, 한번 이혼으로 인한 실망감을 맛본 사람들은 새로운 상대에 대해서도 쉽게 의심할 수 있다. 게다가 이혼을 갈등의 해결책으로 사용해본 적이 있기 때문에 처음보다 이혼이 덜 곤혹스럽게 느껴질 수도 있다.

의외로 또 실패하기 싫어서 재혼생활에 문제점이 발견되었는데도 참고 사는 사람들도 많다. 뜻밖의 사실은 사람을 판단하는 눈이 성숙하지 않은 일부 사람들의 경우에 초혼과 같은 실패를 재혼에서 하는 사람들이 있다는 점이다.

술만 마시면 폭력을 휘두르는 남편에게서 어렵사리 벗어난 아내가 또 그런 사람과 재혼하는 일이 심심치 않게 발생하는 것이다. 이런 사람들은 자신에게 문제가 있음을 인지하고 현명한 판단을 내려야 할 것이다. 또 실패했다는 사회적인 이목이 두려워서 첫 번째보다도 더 자격미달인 배우자와 참고 사는 것은 어리석은 일이다.

재혼가족에 대한 편견과 고정관념 등 사회의 부정적인 시각과 이전의 결혼생활의 영향, 가족경계의 모호성, 재혼가족에 대한 법적인 보호 장치의 부족 등은 재혼생활의 위험요인으로 볼 수 있다. 행복한 재혼생활을 위해서는 이러한 문제점들에 대하여 가족간의 열린 대화와 깊은 논의가 필요할 것이다.

그러나 여러 어려움에도 불구하고 초기에 실패하지 않고 적응한 재혼생활의 경우 부부 쌍방의 만족도가 높게 나타나고 있다.

성공적인 재혼가정의 특징은 다음과 같다.
첫째, 가족생활에 대한 현실적인 기대를 갖는다
초혼가족이나 일반적인 핵가족과는 다르다는 것을 인식하고 계자녀나 계부모에게 즉각적인 사랑을 느낄 수 있을 것이라는 비현실적인 기대를 하지 않고 사회의 부정적인 고정관념, 편견을 받아들이지 않는다.

둘째, 상실감을 인정한다

자녀나 배우자가 이전 가정에 대해 느끼는 상실감을 인정하고 수용, 지지한다.

셋째, 견고한 부부관계를 형성한다

부부관계에 우선을 두고 배우자와 견고한 부부관계를 형성한다.

넷째, 만족스러운 계부모자녀관계를 형성한다

다섯째, 만족스러운 의례를 확립한다

이전 가족에서 경험한 의례들이 서로 다르다는 것을 인식하고 새로운 가족을 위한 새로운 의례를 만든다.

여섯째, 자녀를 위해 전 배우자와 협조관계를 구축한다.

6_재혼가정의 자녀양육

    동반자녀가 없이 재혼하는 경우에도 여러 가지 문제가 발생하는데, 재혼하는 성인에게 동반자녀가 있을 경우에는 훨씬 복잡한 가족관계를 형성하게 된다.

    그만큼 각자의 갈등도 클 수 있다. 물론 계부모와 계자녀의 관계가 원만하게 잘 형성되는 경우도 많지만, 많은 경우 갈등을 내포하게 된다. 자녀의 문제에 갈등이 있을 경우 부부 서로 간에 아무런 불만이 없어도 재혼생활은 다소 삐거덕거릴 수밖에 없다.

    그렇기 때문에 행복한 재혼생활을 누리기 위해서 부부간의 노력뿐만 아니라 자녀들의 입장에서 이해하고, 문제가 생겼을 경우 적절한 도움과 조처가 절실하게 필요하다.

    재혼 가정의 아이들이 새 가정에 대해서 한 말들을 몇 가지 살펴보자.

    "저는 아빠를 매우 좋아했어요. 아빠한테 관심을 받길 원했지만 새엄마가 와서는 아빠를 뺏어 갔어요."

"친부모님들이 저를 놓고 싸움을 계속해서 두 분 사이에서 어떻게 해야 할지 모르겠어요.", "옛날에 엄마가 아빠보다 더 엄했는데, 지금은 새아버지가 엄마보다 훨씬 더 엄해요. 꼭 군대에 있는 것 같아요."

"새 아버지가 데리고 온 두 형들이 있는데, 저를 무시해요."

"아빠는 저보다 새엄마가 데리고 온 아이를 더 예뻐하시는 것 같아요."

"아빠와 새엄마 사이에서 동생이 생기자 저는 완전히 관심 밖으로 벗어났어요. 아무도 저를 사랑하지 않는 것 같아요."

이러한 말은 재혼가정 자녀들이 털어놓은 고민들로, 그들의 고백을 듣지 않더라도 조금만 생각하면 익히 알 수 있는 사항들이다. 부모의 애정에 대한 상실감, 누구의 말을 우선적으로 들어야 할 것인가에 관한 갈등, 새로운 가족에 대한 불안감과 불만, 질투와 미움, 달라진 통제와 강도에 대한 혼란 등, 어느 것이든 아직 자아발달 단계에 있는 미성년 자녀가 홀로 이겨내기는 다소 어렵고 힘든 고민들인 것이다.

자녀들은 이러한 감정을 느끼면 관심을 끌기 위해 퇴행을 보이거나 공격적인 행동, 무관심, 산만함 등으로 반항한다. 이럴 때는 안타까운 마음에 용서만으로 일관해서는 안 된다. 잘못한 것에 대해 재혼 이전에 했던 것과 마찬가지로 야단을 치거나 혼내주어야 한다.

그렇지 않으면 자녀들은 자신이 완전히 관심권 밖으로 밀려났다고 생각하고 오히려 큰 상처를 입을 수 있는 것이다.

문제가 발생할 수 있는 소지가 있는 환경에서 자녀를 기르는 부모는 자녀를 주관적으로 바라보지 말고 객관적으로 바라보아야 한다. 마치 내담자를 바라보는 상담자처럼 한 단계 위에서 자녀를 보며 자녀에게 필요한 것이 무엇인지를 판단해서 적절한 방향으로 이끌어가야 하는 것이다. 자녀의 발달단계에 따라 자율적인 통제력과 안정감을 가지고 성장하도록 적절한 태도를 취해야 한다.

설사 친부모의 관계가 서로 적대적이라고 할지라도 아이들 문제에 관해서만큼은 서로 협조해야 한다. 배우자로서의 역할에는 서로 실패했지만 부모로서의 역할만큼은 최선을 다하여 자녀를 올바르게 양육하고 양쪽 가정 모두에서 자녀가 즐겁게 지낼 수 있도록 허용해주는 것이 중요하다.

재혼가정의 자녀들은 이런 점 외에도 발달단계에 따라 조금씩 다른 특징을 보인다.

영유아기의 아이들은 부모와의 분리를 두려워하고 불안해하지만 새로 형성된 가정의 부모가 화목하고 원만한 생활을 영위해 나갈 경우에 친부모나 마찬가지로 빨리 환경에 적응하고 받아들이게 된다.

초등학교 이전 단계의 아이들은 간혹 현실 세계와 상상의 세계를 혼동하는 특징이 있다. 따라서 사소한 잘못을 했던 기억들을 뒤섞어 친부모가 헤어진 것이 자기 때문이라고 생각하고 죄책감을 가지고 있는 경우가 있다.

그러나 다행히도 이 시기의 아이들은 잘 알아듣게 말하면 이해할 수 있는 능력이 있다. 따라서 원래의 엄마와 아빠가 헤어지고 새어머니나 새아버지와 함께 새로운 가정을 만든 것에 대한 책임이 자신에게 있는 것이 아니라는 사실을 솔직하게 말해주어야 한다. 한번으로 알아들었다고 생각하지 말고 여러 번 말해주어 확실하게 인식시킴으로써 안심시켜 줄 필요가 있다.

초등학생이나 중학생 정도의 자녀들은 다소 낭만적인 생각을 가지고 친부모의 재결합을 꿈꾸는 경우가 많다. 엄마와 아빠를 같은 장소에 불러내서 서로 화해시키려고 한다든지, 서로에게 좋은 말들을 꾸며 전하는 등의 적극적인 노력도 하는 등 자기 나름대로의 생각과 기대와 계획이 있는 것이다. 따라서 한쪽 부모의 재혼은 상실감과 분노로 다가온다.

원래 가족이 회복될 수 있으리라는 기대를 포기해야 하므로 우울해하거나 화를 내는 반응을 보이기도 한다. 그럴 때일수록 서로의 가정과 부모에 대해 부정적인 이야기를 하거나 단절을 시켜서는 안 된다.

청소년기의 자녀들은 발달단계상 자아정체성이 발달하고 성에 대한 관심이 높아지며 가족으로부터의 개별화 욕구가 증가하기 때문에 이 시기의 특징을 이해하는 것이 중요하다. 그렇지 않으면 자녀와의 약해진 친밀감과 이성가족에 대한 거리감을, 재혼한 부모와 가족에 대한 거부감으로 오해하고 지나치게 친밀해지려고 노력하거나 가족관계가 어색해질 수 있기 때문이다.

이렇게 자녀의 발달단계에 따른 특징을 이해하고, 이에 대해 적절하게 대해주는 것이 행복한 재혼가정을 이루는데 매우 도움이 된다. 이러한 노력을 했는데도 불구하고 자녀가 문제행동을 보이고 일탈행동을 하거나 급격하게 성격이 변하거나 가족관계에 의도적으로 문제를 발생 시키곤 한다면 전문가의 도움을 받을 것을 권한다.

자녀를 전문 상담가에게 데리고 갈 경우에 명심해야 할 것은 반드시 그 자녀에게 '이러이러한 문제가 있어서 전문가의 도움을 받으려고 한다, 너의 협조가 필요하다. 치료를 받게 되면 너와 가족들 모두가 더 행복해질 것이다' 라는 설명을 충분히 하고 동의를 얻어야 한다는 것이다.

자녀가 힘들어하는 것 같아서 자녀를 위해 도움을 주고 싶어서 전문가를 찾더라도 그 마음을 제대로 전달하지 못하고 상담실로 데리고 간다면, 자녀의 입장에서는 자신을 문제아로 본다고 생각하고 또 다른 상처를 받거나 불신감을 증폭시켜서 오히려 역효과를 빌 수 있다.

재혼가족은 구성이나 특징에 있어 초혼가족과 다른 여러 가지 차이점을 가지고 있다. 무엇보다도 재혼가족은 복잡한 구성을 갖는다. 초혼가족에서는 볼 수 없는 계부모-계자녀 관계, 이복(부)형제와 같은 재혼가족 내의 형제관계, 전배우자와의 관계, 계조부모 등 보다 다양하고 복잡한 친족관계가 생기는 것이다.

재혼부부의 전혼인상대자가 사망했거나 비양육 부모와의 왕래가 완전히 끊어진 경우를 제외하면 재혼가정의 계자녀들은 대체로 한 부모와 살면서 함께 살지 않은 부모와 만나고 있는 경우가 많다. 이혼으로 인해 부모자식관계가 달라지지도 않을뿐더러 비양육 부모가 면접교섭권을 가지고 있으니 당연한 일이다.

이 경우 양쪽 부모의 집을 오가는 자녀들은 정서적으로 두 집안의 서로 다른 생활방식과 기대 때문에 혼란을 겪기 쉽다. 부모들 입장에서는 자녀에 대한 교육이나 통제에 대해 전배우자와 갈등을 겪게 된다.

이 경우 자녀들은 헤어진 부모 사이, 혹은 계부모와 비동거 부모 사이에서 갈등을 겪을 수밖에 없다. 계부모와 사이가 너무 좋을 경우 친부모에게 미안함과 죄책감이 들고, 친부모와 너무 절친하게 지낼 경우 계부모에게 미안한 마음이 들어서, 친부모나 계부모 어느 쪽과도 만족스러운 관계를 만들지 못하는 것이다.

그렇다고 해서 자녀를 비양육부모와 단절시키는 것은 결코 바람직한 해결책이 아니다. 성원들 간의 대화와 노력을 통해 극복할 수밖에 없는 문제이다.

재혼가족이 초혼가족과 근본적으로 다른 점은 전혼에서 생긴 자녀의 경우 자녀간의 유대가 부부간의 유대보다 먼저 형성되었다는 점이다. 두 사람의 결혼으로 생긴 자녀관계와는 여러 가지 면에서 다를 수밖에 없다.

자녀가 있는 재혼부부는 초혼부부 같은 신혼기가 거의 없다. 단둘이서 살 기회도 없고 새로운 배우자보다 전혼자녀와 정서적으로 더욱 밀착되어 있기 때문이다. 즉 재혼가족이 형성되는 초기부터 친부모-자녀-계부모는 삼각관계를 이루며, 이것은 재혼가족이 문제의 소지를 안고 출발하는 것이다.

한편 재혼가족은 초혼가족에 비해 가족 성원들 간의 연령차가 크다. 예컨대 30대의 자녀를 가진 50대 남성과 10대 자녀를 가진 30대 여성이 재혼할 경우, 이 가정은 신혼기, 성인자녀 독립기, 자녀학동기가 뒤섞인 복잡한 상황에 처하게 되는 것이다.

당연히 가족원들 모두 부자연스럽고 스트레스를 유발할 수 있다. 또한 재혼가족이 형성되기 전에 경험했던 사건들도 가족관계나 역할 등에 많은 변화를 가져온다.

그런가 하면 재혼가족의 구성원들은 재혼가족 역시 초혼가족과 같을 것이라는 기대, 계부모와 계자녀 간에 자연스런 애정이 곧 생겨날 것이라는 기대 등 비현실적인 기대를 가지기 쉽다.

따라서 이러한 기대가 충족되지 않을 경우 가족원들은 혼란과 불안, 죄책감 등을 느끼고 가족생활에 만족하지 못하게 되기 쉽다. 하지만 그 어떤 원만한 결합도 이런 비현실적인 기대를 재혼초기부터 충족시켜 줄 수는 없다.

또한 재혼가족은 사회제도로부터 가족으로서 마땅히 받을 배려를 거의 받지 못하고 사회적, 법적으로 상당한 차별을 받는다.

종교기관을 비롯한 사회기관이나 학교 수업 교재들은 대체로 초혼 가족을 중심으로 구성되어 있다. 이런 사실만으로도 재혼가족의 행복은 상처를 받을 수 있다.

따라서 계부모가족의 성원들은 종종 외부 사람들에게 자기 자족의 특수성을 말하지 않는다. 이런 태도는 불쾌함과 민망함, 이상하다는 눈초리들을 피할 수는 있지만 사회적 도움이나 격려, 지지, 배려 등을 받을 수 없게 한다.

문제해결을 위해서는 초혼지향적이고 획일적인 태도가 사라져야 하고, 재혼가족 역시 주변의 사회적 지지를 받을 수 있는 사회관계를 자발적으로 구축해 나가려는 노력을 해야 한다.

이러한 노력을 기울이면 지금 당장은 달라지는 것이 없을지 몰라도 십년 후, 이십 년 후에는 많은 변화를 불러올 것이다.

이처럼 재혼가족 구성원이 모두 행복을 누리기 위해서는 초혼가정보다 더 많은 노력과 시간과 사회적인 고려가 필요하다. 나날이 증가하는 재혼가족을 위해 사회적으로도 더 많은 연구와 배려가 있어야 할 것이다.

7_그래서 행복해질 수 없다면 절대 이혼하지 마라

지난 30년 동안 우리나라 사람들의 평균수명은 20년 이상 늘어났다. 반면 자녀의 수는 같은 기간 동안 1/5로 줄었다. 점차 높아지고 있는 초혼연령을 감안하여 30세에 결혼한다고 가정해도 80세까지면 50년을 배우자와 함께 보내는 셈이다.

불행하게도 결혼생활은 사랑의 무덤 쪽에 가깝다. 아무리 사랑해서 결혼한 부부라 할지라도 그 사랑이 50년 동안 일관되게 유지되기는 힘들다. 이 책의 서두에서 좋은 친구가 될 수 없는 사람과는 결혼하지 말라고 한 이유가 여기에 있다.

자녀라야 달랑 한 명 내지 두 명이니, 부부가 서로 대화가 통하지 않고 즐겁게 보낼 수 없으면 50년의 세월이 얼마나 형벌처럼 지겹고 힘들 것인가.

그러나 결혼생활에 대한 생각 자체가 현저하게 다른 남녀가 친구처럼 도란도란 50년을 함께 보낸다는 것은 결코 쉬운 일이 아니다. 결혼에 대한 남녀 간의 생각차이는 결혼 전부터 형성돼서 그 간격이 점점 더 벌어진다.

본문에서 언급했다시피 여성의 교육수준과 사회참여가 높아지고 여성이 경제력까지 갖추게 되면서 여성의 의식변화는 빠르게 진행되는데 반해 남성들의 여성에 대한 의식은 변화 없이 답보하고 있기 때문이다. 이러한 불균형이 점차 더 심해진다면 종착역은 황혼이혼일 것이다. 따라서 서로를 이해하려는 노력이 필수적이다.

원만한 결혼생활을 하기 위한 가장 중요한 키워드는 '부부간의 의사소통', 즉 '대화'이다. 그러나 '화성에서 온 남자 금성에서 온 여자'라는 책이 있을 정도로 남성과 여성 간의 의사소통은 쉽지 않다. 그러나 끊임없이 대화를 시도해야 한다. 대화 없이는 서로간의 이해 역시 없다. 남편과 아내 사이에 대화가 되지 않으면 사소한 부부싸움이 심각한 부부갈등으로 번져 이혼으로 치닫기도 한다.

심각한 부부갈등이 있음에도 불구하고 부부관계를 유지하는 커플은 그 이유를 첫째 자식 때문에, 둘째 이혼한다고 더 행복할 것 같지도 않아서, 로 꼽았다. 그렇다. 이혼해서 더 행복해질 것 같지 않으면 절대 이혼하지 말아야 한다.

본인들을 위해서도 그러하고 둘 사이의 자녀들과 가족들을 위해서도 그러하다. 하지만 반드시 이혼해야 할 상황이라면 이혼에 대한 준비를 철저히 한 후에 똑 소리 나게 이혼해야 한다.

2005년 통계청 자료에 의하면 2004년 한 해 동안 결혼한 사람 천 명당

12명꼴로 이혼했고, 갈라선 부부의 절반 이상(65 72%)이 미성년 자녀를 두고 있었다. 그런가 하면 결혼하는 부부 네 쌍 중 한 쌍이 부부 모두, 혹은 부부 일방이 재혼인 커플이다.

이제 우리 사회에서도 이혼이 더 이상 놀랄 만한 뉴스는 아니며, 이혼이나 한 부모 가정, 재혼가정이라는 말이 일상용어가 되어가고 있다. 그러나 아직도 사회 여기저기에는 이들에 대한 편견과 부당한 대우가 산재해 있다. 실질적인 추세에 맞춰 사람들의 인식도 변해야 한다.

미국의 경우 결혼 40년 후에 약 60%가 이혼을 경험한다고 한다. 그런 식으로 계산하면 우리나라는 약 20% 내외가 이혼으로 혼인을 종결한다. 그러나 이혼율이 미국보다 낮다고 해서 혼인생활에 대한 만족도가 더 높은 것은 절대 아니다.

우리나라에서는 자녀의 장래나 이혼 후 생활유지 등의 문제 때문에 반드시 가정을 깨뜨려야 할 표면적인 이유가 없는 한 가정의 틀을 유지하는 경우가 많다.

이 책의 제목에서 알 수 있다시피, 필자도 이혼하고 꼭 행복해질 수 있다는 보장이 없으면 혼인생활을 유지하는 쪽을 옹호한다.

뭐니 뭐니 해도 가장 바람직한 것은 부부가 서로 인내와 타협과 사랑으로 행복한 가정을 꾸려나가는 것이다. 재혼부부든 초혼부부든 마찬가지이다. 성공적인 결혼생활은 상대를 바라보는 시선과 마음가짐에 달려 있다.

아무리 막역한 사이라도 함께 살다보면 자연히 상대의 결점이 나타나게 된다. 특히 결혼은 남녀가 함께 꾸려나가는 공동생활이므로 자연히 상대의 단점, 장점, 추한 면을 모두 보게 된다. 상대의 눈에 비치는 자신

역시 마찬가지이다.

상대의 장점만 취하고 단점을 고치려고 해서는 원만한 관계가 유지되기 힘들다. 그의 장점을 받아들이듯 단점도 받아들이고 인정해야 한다. 결혼의 행복은 유리꽃과 같이 섬세하고 연약하다. 무관심에 의해 얼어붙고 의심에 의해 깨어져버린다.

결혼이라는 유리로 된 꽃을 유지하기 위해 미련하고 투박한 곰이 아니라 약아빠진 여우가 되라. 출근하는 남편을 향해 손을 흔들며 미소를 보내고, 아내에게 사랑해, 문자메시지를 날리자. 소중한 것일수록 잃어버리기 전까지는 자신이 가진 것의 의미를 모르는 경우가 많다.

행복할 수 없다면 절대 이혼하지 마라

초판 초쇄 : 2006년 5월 10일
초판 발행 : 2006년 5월 17일

지은이 : 김병준
펴낸이 : 홍순창
펴낸곳 : 토담미디어
등록 2-3835호(2003. 08. 23)
서울 중구 저동2가 4번지 고딩빌딩 4층
전화 2271-3335 팩시밀리 2271-3336
http://www.todammedia.com

기획 : 이경희
북 디자인 : 정지영
삽화 : 창차현실
인쇄 : 동양인쇄
제본 : 우정바인딩

책값 10,000원
잘못된 책은 바꾸어 드립니다.
저자와의 협의에 의해 인지는 생략합니다.
ISBN 89-954614-6-2